MIND心研社图书

为心灵提供盔甲和武器

献给在亲密关系中无法好好沟通的人

献给在亲密关系中无法好好沟通的人

有毒的话语

亲密关系中哪些话不能乱说？

[法] 罗伯特·纽伯格——著
杨燕萍——译

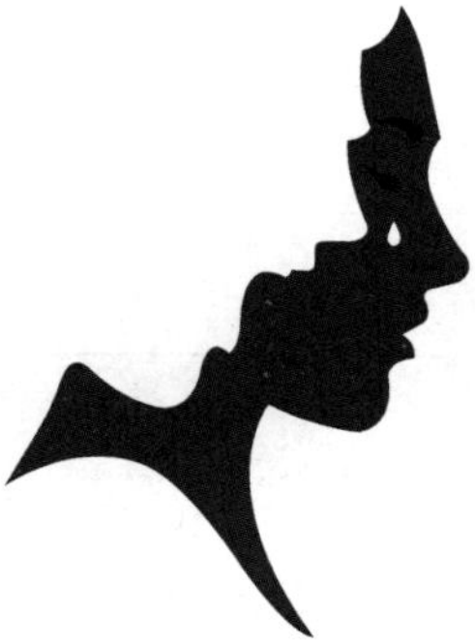

北京联合出版公司
Beijing United Publishing Co.,Ltd.

图书在版编目（CIP）数据

有毒的话语 / （法）罗伯特·纽伯格著；杨燕萍译
. -- 北京：北京联合出版公司，2020.9
ISBN 978-7-5596-4063-5

Ⅰ. ①有… Ⅱ. ①罗… ②杨… Ⅲ. ①心理语言学
Ⅳ. ① H0-05

中国版本图书馆 CIP 数据核字（2020）第 037390 号

有毒的话语
作　　者：（法）罗伯特·纽伯格
译　　者：杨燕萍
出 品 人：赵红仕
图书策划：耿璟宗
责任编辑：孙志文
特约编辑：李光远
特约统筹：高继书
装帧设计：仙境设计

北京联合出版公司出版
（北京市西城区德外大街 83 号楼 9 层 100088）
北京联合天畅文化传播公司发行
北京美图印务有限公司印刷　新华书店经销
字数 91 千字　880 毫米 ×1230 毫米　1/32　6.5 印张
2020 年 9 月第 1 版　2020 年 9 月第 1 次印刷
ISBN 978-7-5596-4063-5
定价：49.80 元

前言

有毒的话语往往隐藏在亲密关系中

爱是恒久忍耐，又有恩慈；爱是不嫉妒；爱是不自夸，不张狂，不做害羞的事，不求自己的益处，不轻易发怒，不计算人的恶，不喜欢不义，只喜欢真理；凡事包容，凡事相信，凡事盼望，凡事忍耐。爱是永不止息。

——保罗《哥林多前书》

“亲爱的，你怎么能觉得我在骗你呢？我只是太忙了，”男人对女人说道。女人因男人总是不在身边而感到担忧，而男人热情的减退也让女人感到不安。

伤人的言语、错误的推理、语言的陷阱，简而言之，有毒的话语越来越频繁地出现在有感情问题的伴侣之间。实际上，这是同居暴力的表现形式之一。

近年来，这类行为被归为“病态自恋”（pervers narcissique）。“病态自恋”这一概念由精神病专家、精神分析学家保罗－克劳德·拉卡米耶（Paul-Claude Racamier）在20世纪80年代末提出，指的是精神变态的一种特殊表现形式。这一概念随后被阿尔伯托·艾格尔（Alberto Eiguer），特别是被玛丽－弗朗丝·伊里戈扬（Marie-France Hirigoyen）继承、推广，被用来解释在伴侣争吵中扮演控制者一方的行为。[1]

自体心理学家科胡特认为，自恋是人类的一般本质，每个人本质上都是自恋的。他解释道："自恋是一种借着胜任的经验而产生的真正的自我价值感，是一种认为自己值得珍惜、保护的真实感觉。"自恋超过一定限度，就成了病态自恋。

病态自恋者对自己的才能、魅力和自我价值的认知极度膨胀，非常不符合现实。他们的自我知觉是虚浮夸大的，这样的社会认知模式对他们的人际关系，尤其是亲密关系有着重要影响。

首先，病态自恋者容易受到强烈的自利偏差的影响。如果事情顺利，他们就把所有的功劳归于自己；如果事情不顺，他们是不会承担一点责任的。他们对他人怎样对待自己的记忆也常出错；他们记得的接纳和和赞许比实际上得到的要多，但仍然倾向于认为自己没有得到应

---

1 Voir Paul-Claude Racamier, *Le Génie des origines :psychanalyse et psychoses*, Paris, Payot, 1992 et *Les Perversions narcissiques*, Paris, Payot, 2012 ; Alberto Eiguer, *Le Pervers narcissique et son complice*, Paris, Dunod, 1996 ; Marie-France Hirigoyen, *Le Harcèlement moral : la violence perverse au quotidien*, Paris, Syros, 1999.

得的礼遇。的确，他们特别无法容忍别人的拒绝，过分的自尊使他们对臆想中的怠慢特别敏感，容易反应过度。由于自我膨胀，一旦他们判定别人不尊重或不关照他们，他们就会感到非常委屈，进而做出比常人更愤怒、更具攻击性的反应。

而且，他们建立亲密关系时，从长远来看不会像其他人那样忠于伴侣。他们的特权感使得他们四处寻找比目前更合意的伴侣。他们也不会去努力取悦目前的伴侣，却总是认为自己应该得到“更好”的待遇。

显然，病态自恋者是相当糟糕的伴侣，但要一开始就把他们识别出来却非常困难。因为他们起初表现出来的自信很有吸引力，常常要花很长的时间才能认识到他们是多么自私、小气和暴躁。病态自恋者常常具有“致命”的吸引力，但长期来看这种吸引力却是要人命的。这就给人们带来了挑战，在判断未来的亲密伴侣时要尽可能地运用辨别力和洞察力。

但是在我看来，纯粹为了获得控制的愉悦感而实施控制的情况并不常见。大部分实施话语控制的人其实不一定是所谓的“病态自恋者”。最常见的情况是，实施控制，比如说欺骗，是为了隐藏可能引发伴侣问题的某种行为，尽管这样做可能后果相当严重。

本书的写作目的是帮助读者识别控制的情境和行为，表达自己的感受，发出预警信号，以免受到由此带来的心理伤害。很多时候，抑郁甚至精神错乱之所以产生，是因为我们需要独自面对虚假信息：直觉或感受告诉我们事情没有那么简单，但是伴侣却试图说服我们，我们并没有看见我们所看见的，我们不必相信我们所相信的。

为什么在感情生活中，一个人（有时候则是双方）要用语言去诱导另一个人掉进陷阱呢？为什么人们常常看不出话语中的毒素？在伴侣之间，如果条件允许，有些人就会以有毒的方式表达自己的想法和感受，另一些人则可能受到这些似是而非的话语的伤害。

话语控制和语言错误这两个词指的不是同一个概念。语言错误指的是说出来的话不符合约定俗成的语法规则；话语控制则是一种有意为之的行为，多数情况下是为了蒙蔽对方，达到某种目的，也可能是为了驯服对方，使对方病理化。需要强调的是，在这里，“控制”一词并不是说控制者这样做是为了使对方不痛快。如果是的话，那就是这个人的个体问题了。这里所说的控制，是在某种情况下，伴侣之间脱口而出的、具有欺骗性的话语。

伴侣的二人世界与外部世界之间隔了一层纱。伴侣之间发生了什么，外人很难看透。在这样的情况下，悲剧有可能会发生。话语控制可能会被用来蒙蔽对方、让对方羞愧，或是斥责对方。亲密关系是一个小型的沟通实验室，人们在这里学习和使用各种沟通技巧，从最平常普通的到最卑劣肮脏的、具有危害性的，严重的甚至可能让人抑郁或患上精神病。

学习识别这类语言陷阱，有助于摆脱其带来的困境，更何况，这种情况不止发生于伴侣之间，在职业生活中、在医疗和宗教事务中，我们也会遇到这种情况。

本书谈论的是伴侣之间爱情的幻灭以及使用“有毒的话语”的情况。哪里有幻灭，哪里就会萌生有毒的话语。在伴侣之间，唯有彼此相爱，才能保护他们免受有毒的话语的伤害。

contents 目录

第一章

亲密关系的盲目性：吸引、信任、幻灭

爱情盲目的那一面令我很感兴趣。人当真会看不见摆在面前的事实吗？强烈的情感是否真能改变人的视角，让假的变成真的，而令真正的事实无处可寻？

——爱丽斯·霍夫曼《奇迹博物馆》

吸引的风险

任何恶意的控制行为，只有在双方建立了紧密关系的情况下，才能有效。起初，一对伴侣是因为一方被另一方吸引，或者相互吸引才走到一起。这时候，一切都没有问题。就如同一个人带着另一个人跳舞，在这个过程中，有对对方的爱慕，有对自爱的追寻。舞蹈的节奏有快有慢，从悠扬的华尔兹到激烈的摇滚，从克制的爱慕到汹涌的热恋。但是，吸引也是一个人对另一个人施加影响这一复杂过程的第一步。当我们被一个人吸引时，我们会对这个人敞开心扉，信任他。这个时候，通过微妙的暗示，一方就可能被另一方控制。如果关系出现了不平衡，比如一方对另一方的爱恋消散，他们之间的关系就可能被恶意利用，导致一方对另一方施加控制。

把关系建立在魅力吸引上是有风险的。其中一个风险就是可能会遇到肉食性动物。这类人只热衷于享受勾搭的乐趣，其他的在他们眼中什么都不是，更谈不上什么承诺了。在这种情况下，话语控制从一开始就出现了。

最常见的情况是，虽然爱是两人建立关系的基础，但一方已经不再爱另一方了。如果不爱的一方想要维持这段关系，或者相反，他想要结束这段关系，那么他或多或少就会实施一些巧妙的话语控制，排在第一位的是说谎。

别忘了，吸引之所以存在，是因为每个人，为了生存，都需要建立完美的关系，拥有忠诚的伴侣。即使两个人的关系是建立在对等的基础之上的，你属于我，我属于你，彼此承诺，又有归属感，这段关系还是可能会变质，最终，其中一个人会想要离开他的伴侣。尽管这会牵涉到社会、家庭，甚至是财务上的问题。

没有幻灭，就没有控制

“幻灭”这个词听起来很消极，容易让人联想到愤怒、绝望甚至背叛等感觉。事实上，这个词的意思是：不再被幻象所迷惑。这其实是一件好事。人类是尊重并渴求真相的。不赶走幻象，我们就看不到真相，我们就会像被禁锢的囚徒，永远无法得到真正的平静与满足。

亲密关系能够驱散我们对爱的幻想。当我们对伴侣感到失望，觉得自己似乎错了的时候，幻灭就开始了。或许，我们身边的这个人并不是我们快乐的源泉。一开始我们也许会觉得选错了伴侣而想要另找一个。但是，只要有期望，就会有失望。最后，就连无可救药的浪漫主义者，也会明白我们快乐的源泉并不在别人身上。幻灭是灵魂给我们的礼物，让我们能从“向外寻求快乐”

的错误思想中跳脱出来。然而，幻灭的过程也可能不是瞬间崩塌的，它可能需要耗费很长的时间，就像从一砖一瓦开始拆除一座大教堂一样。

这里所讨论的幻灭，在大多数情况下都会滋生出话语控制，并可能对受控者造成心理伤害。

亲密关系是一种情爱关系。一旦爱情幻灭，这一层关系就不复存在。也就是说，他们对彼此失去了“性趣”。两人的关系逐渐转变为伙伴和亲人。这种对于亲密关系和家庭关系的混淆，是导致两个人幻灭的最常见的原因。幻灭在这里不该被理解为对对方没有感情了，而应该被理解为自己无法再把对方当作欲望的对象、当作可以增强自己作为男人或女人的感觉的对象。而在当今，这两样东西恰好是人们希望通过结为伴侣得到的。

实际上，幻灭最常见的结果就是出轨，而且不能被另一半发现。因此，实施话语控制不一定跟控制者的人品有关，这是一个与情境相关的问题。如何掩饰自己已经不再爱对方了？如何隐瞒第三者的存在？如何心安理得地离开现在的伴侣？相对应地，当对方很明确地给出不再爱你的信号时，如何留住对方？除非能尽早识别出这些有毒的话语以及它们的含义，否则这类情况对当事人来说是很危险的。

为什么我们不知道自己正在被控制

在大多数情况下，伴侣之间发生的事情都是当局者迷，旁观者清。为什么会这样呢？为什么受控者会被长期蒙在鼓里，无法正确认识他与伴侣之间的关系？原因就在于吸引。吸引使得一方对另一方产生信任，信任是吸引的结果。阿尔弗雷德·德·缪塞说过："没有信任的爱情是不存在的。"这就是问题的症结所在。

信任和隐私

在纯粹的关系中，信任得不到外部支持，必须基于亲密关系才能得以发展。信任是对对方充满信心，也是对共同抵制未来创伤的能力充满信心。这不仅仅是信誉的问题，因为信誉本身就是问题。信任对方也是拿个体实际上能否诚实做人的能力做赌注。

当我们被对方吸引的时候，我们会向对方袒露自己的隐私。还有什么方式比这更能显示我们的信任？当然，我们还需要了解一下我们所说的是哪种隐私。

隐私涵盖了三个方面：身体、思想和行为（开车、做饭、修理东西、打扫等等[1]）。在吸引存在的条件下，信任可以是一方面或多方面的：允许身体接触，允许介入生活中的隐私，允许分享回忆、想法和幻想，以及为了亲密关系的建立而去平衡甚至放弃个人能力。

某天，一位来访者跟我谈到她的感情经历："我并不打从心底里认同这些恋爱关系。"她的意思是说："我虽然跟一个男人上床了，但是这并不表示他拥有了我。的确，我把身体给了他，但是我隐私中的其他部分，比如感情或其他方面，他是无法介入的。"

另一位来访者告诉我，她无法想象一段没有全身心

1 Pour plus de détails, voir Robert Neuburger, *Les Territoires de l'intime*, Paris, Odile Jacob, 2000, p. 118–121.

投入、没有完全向对方展露隐私的亲密关系是什么样子的。在帕斯卡尔·基尼亚尔（Pascal Quignard）的笔下，希腊神话中的女巫瑟茜（Circé ）曾对尤利西斯（Ulysses）说："把你的剑收回剑鞘中，尤利西斯。来我床上。我们一起睡吧，成为恋人之后，我们就能相互信任了。"[1]

如今，信任被认为是亲密关系中"独一无二"的价值，没有信任的亲密关系是不存在的。然而，我们越是给予更多的信任，我们就越是有可能遭到背叛。信任一定会蒙蔽当事人的双眼，也就因此为控制打开了一扇大门。在亲密关系中，比起盲目的信任，还是保有一定的警惕心为好，信任并不是一种能够无限扩展的品质。

忠诚：严重的缺席

令人感到奇怪的是，现在人们已经不讲忠诚了，虽然忠诚也是亲密关系中的一种价值。

以前，在古罗马时代和中世纪时期，信任－忠诚是

---

1 Pascal Quignard, *Vie secrète*, Paris, Gallimard,1997, p. 298.

等级制度中的一种契约关系，那个时候的主仆契约中有如下约定：封建君主给予其仆从信任，作为交换，后者要对前者保持忠诚。仆从不能背叛其君主，在任何情况下都要支持君主；相对应地，君主要保证不抛弃其仆从，并保护后者。

在伴侣之间，信任－忠诚这份心照不宣的契约被认为是相互承诺的结晶：每个人都要信任对方，保护对方，要忠诚，不能辜负对方的信任。没有忠诚，信任就失去了它所依靠的根基，信任因此变得危险——因为信任使人盲目。在亲密关系中，忠诚这一概念让双方都去关注对方在这段感情中付出了什么。如果不忠的行为能因此被迅速揭穿，就能避免被蒙蔽和被控制。一个人如果盲目地信任对方，他就会很容易接受对方的暗示。这时，他就不能正确判断对方所说的话。如此一来，因为有意识或无意识地接受了控制者的暗示，暗示就开始起作用。

控制者使用的技巧大多取决于对方的心理状况及其对感情的投入程度。很明显，付出越多、关系越亲密、个体越脆弱，受到控制的可能性就越大。这种情况对夫妻或情侣来说是很危险的。在亲密关系中，两个人应该保护双方建立起来的隐私，也就是要保护隐私不被侵犯、不会被泄露或透露给外人，保证不会“泄密”。在亲密关系中，隐私是不能对外的，因此当出现控制行为时，隐私会让问题变得更加严重。两个人的关系越是亲密，受到控制的可能性就越大。

第二章

控制的五个原因

人有一种可怕的欲望，想要窥探别人的内心，传递自己的恐慌，为别人和自己一样悲伤恐惧而感到安慰，想要操纵别人，在得知别人受到自己影响时自鸣得意。这些都是难以启齿的，我们心中的恶魔。

——奥尔罕·帕穆克《白色城堡》

要记得，有毒的话语的危害性主要在于控制者用看似符合某种逻辑的话语隐藏了自己真正的目的。控制者以善意的伪装说着迷惑人的、似是而非的话。

实施控制的人不一定是“病态自恋者”：只要条件允许，每个人都可能实施控制——在亲密关系中，这样的机会多的是！除了刚才所讲的吸引，还有五个实施话语控制的原因：隐瞒某些事情、改变对方或为自己辩护、挽留对方、逼走对方，以及诋毁对方。

隐瞒某些事情

常见的情况是，夫妻或情侣中的一方想要隐藏某些可能会危及双方关系的行为，其中 90% 都是婚外关系。这里面也包含了多种可能，比如不再爱对方了、对对方失去了“性趣”、同性恋、私底下在经济上帮助某些家庭成员、被解雇、破产、生病，或者是，重组家庭中的一员频繁看望和前任所生的小孩（以迎合伴侣）等等。这些情况下使用的控制技巧不容小觑，因为它们的目的是蒙蔽对方。

改变对方或为自己辩护

要求另一半改变行为习惯是很棘手的事情，通常都会产生反效果：这样的要求会被当作批评，有时候甚至会被当作攻击，转而引起对方的反击，对方会以多少有点道理的指责来回敬你：

——“你想让我承认是我的错，是吧？”

——“不是啊！我只是想让你不要……”

——“你就是，你想让我内疚！而且，你总是这样，你从来不承认自己犯的错！”

然后两个人就开始吵起来了……互相指责，有时候甚至是对骂，每个人都试图——以自己在这方面不可否认的才能——让对方感到不快。最后，得出的结论是对方没有改变，自己也没必要改变。

在一个性别越来越平等的世界上——即便这种平等远没有完成，两性都要彻底改变对彼此的看法和行为。

互相指责并不能使提出的要求得到接受和采纳。也许提出要求的人会尝试其他的方式，更巧妙一点的，有时候甚至是更有风险一点的，直至找到“好的”、能让自己的要求得到满足的提出方式。

挽留对方

在这种情况下，控制行为的发生是为了留住想要疏远自己或是想要放弃这段感情的人。如果是要挽留疏远自己的人，控制者放出的信号会是分散的，但也能感觉到被疏远的距离感；如果要挽留想要放弃这段恋情的人，控制者放出的信号则很明确："如果还继续这样的话，我就离开。"（言下之意：挽留我），甚至更明确："我要离开了。"

让人绞尽脑汁维持亲密关系的原因很多，可能是因为一方还爱着另一方，可能是为了维持表面的关系，或是因为财务方面的牵扯。这个时候，控制情感（使对方内疚、情感勒索、威胁）便会如约而至。

逼走对方

这种卑劣的行为是很危险的。控制者从自身和金钱的角度上考虑，认为以这种方式离开对方，自己的损失更小，一切的打算只是为了让不再被爱的一方先提出离开！

在这种情况下，控制者会故意破坏双方的关系，指责对方让生活变得不堪忍受。为了达到目的，他主要会从心理上进行打击：反复羞辱、损害对方的尊严等等。

诋毁对方

这里讲的是暴力指责，旨在孤立对方，让他在亲人、孩子、朋友甚至是法律面前失去信誉，向众人呈现自己建构出来的对方的形象或者实施报复。最恶劣、最具破坏性的控制手段，在这个时候都会用上。这种情况通常出现在两个人分手和离婚的时候，在家暴发生后也能见到，家暴的实施者，通常是男性，会试图将受害者描绘为说谎者和始作俑者。

不同的手段，同一种武器——语言

控制的原因各式各样，控制者使用的“武器”却只有一个，那就是语言。如果用埃米尔·本维尼斯（Émile Benveniste）的观点来解释，就是使用语言来规划和组织对方的想法[1]。在手段上，花样也是层出不穷。如上文所述，控制者常常会尝试多种手段，以便找到那个对他来说最有效的……尽管如此，我们还是能把这些手段归为三组，或者说三类，有平凡无奇的，也有极为阴险狡诈的：情感控制、精神骚扰，以及一系列谴责、抹黑、摧毁对方的行为。

---

1 Voir Émile Benveniste, Problèmes de linguistique gén é rale, tome 1, Paris, Gallimard, 1966, p. 70.

想要知道自己是不是控制的受害者并不容易，因为控制的目的就在于让我们对自我和自我感知产生怀疑。虽然有些控制是比较显而易见的，但是那些最有害的，恰恰是最难以看透的。想要看清这些控制行为，首先要能识别它们、定义它们、阐述它们。这也是以下三章的主要内容。

第三章

让你有苦说不出：
情感控制

我们都有情感的需要：只要有人懂得如何诉诸我们的情感，就能欺骗我们操纵我们。如果我们能够辨认出它们，就有可能避免受到欺骗和操纵。

——罗伯特·古拉

《有毒的逻辑：为何有说服力的话反而不可信》

当控制者想要掩饰某种行为或目的时，情感控制是他们最常用的手段。情感控制很大程度上跟受控者是否容易被激起内疚感、羞耻感或同理心有关，而且取决于受控者是否信任这段感情或者控制者本人。控制是为了说服“受控者”，让他们去接受或面对一些强加在他们身上的、棘手的、让人痛苦的甚至是令人震惊的情境和状况。

这里并没有列出所有可能被控制的情感，我只列出了其中最常见的。但是我们都知道，人类的想象力是无穷无尽的……

内疚感

蕾阿娜，40岁，结婚15年。“这么多年了，”她说道，“以前，我和我爱人的感情很好。虽然我们待人的方式很不一样（他外向，我内敛），但我们以前一直配合得很好，或者说我们曾经觉得我们相互之间是一种有益的互补。但是，孩子长大了，随之而来的问题导致我们这两三年来过得不太好，灾难由此而生：去年，我发现他出轨了。他没有否认，而是试图狡辩：我给的陪伴少了，我对他的关注少了，我见他见得少了……虽然我很受伤，但我还是试着理解他，从自己身上找原因，我想要挽救我们的关系。然而事到如今，我已经无法掌控事态的发展：我没办法忘记。即使他给了我承诺，我也无法再相信他。甚至，我做出了连我自己都不能理解的行为：我经常查看他的手机，他迟到了，我就会惊慌，我意识到我变得不可理喻。他提醒我，叫我别把他逼急了，但是没用，没几天我就又控制不住我自己了。每一次，我都控制不住要发火。我们的爱情好像就此被他杀死了一样。这意味着我不爱他了吗？我认为不是的：相反，这使我知道我爱他胜过一切。但是，我要怎么做，才能在他跟我较真并且离开我之前，让自己平复下来，去原谅、去找回过去……"

蕾阿娜的苦恼并不难理解：她的丈夫颠倒了是非黑白。他不但不承认自己做了不好的事情，反而想方设法让蕾阿娜内疚，指责她该为出轨的事情负责，因为她陪伴的时间少了、给的关心少了，甚至是见面次数少了，而她才是受害者！这种颠倒黑白的行为也许正反映出男方知道是自己做错了。如果他真的对蕾阿娜不满，他应该将不满告诉蕾阿娜，而不是做出出轨的行为。这种对事实的颠倒让蕾阿娜感到困惑。她爱他，所以她很难意识到自己才是受害者（而对外人来说，这是显而易见的）。这也解释了她那些表面看来不理性的行为是从哪里来的，而她的这些行为也反映出她处在一种不正常的环境中。

让对方内疚是最常见的话语控制手段。它依赖于对方感知罪恶感的能力。这种能力是通过教育灌输给我们的，由此可见教育的作用[1]。正常情况下，我们都曾经感受过罪恶感，也曾经让别人产生过罪恶感。

让人内疚的手段可以分为三种类型：母系、父系、手足系 。一个女人感觉到丈夫在疏远她，对她态度冷淡，不再碰她。女人很担心，便去问丈夫什么情况。在使用母系手段的情况下 ，丈夫会回答说：“看看我工作上这些事儿，你就会懂了！”或者“不是我疏远你，是你没有时间，你要出差，要陪孩子，要陪父母什么的”，又或者“我不知道你有什么好抱怨的，你连感觉被爱的能力都没有了！”。如果使用的是父系手段，丈夫会回答说：“我受够你的这些要求了。你要再这样，我就走了。”在他使用手足系手段的情况下，女方听到的回答会是：“我不明白为什么你就不懂我，我不能一心多用啊。你站在我的立场想想看……”

---

1 Voir Robert Neuburger, *L' Art de culpabiliser*, Paris, Payot, coll. *Petite Bibliothèque Payot* , 2010.

控制者会根据自己的目的来选择相应的控制手段。比如说在两个人要分手的时候，想要先结束关系的人自己会感到内疚，而他们让自己摆脱内疚感最好的办法，就是让对方来承担分手的责任："我离开你，是因为这些年来，你一直都在忽略我，你没有做任何努力让我能够继续爱你，你的心思都在（以下几种情况任意可选）孩子/工作/家人身上……""你那方面不行""我在你眼里什么都不是""你的注意力从来就没有放在我身上"……除此之外，还有："你根本不顾及别人的痛苦，我说的不只是我的痛苦，反正你也不在乎。但是请你想想孩子们，想想他们要承受的，想想你给他们创造的生活，想想他们对你的信任！"

但这个办法也不总是能够奏效。比如，女方向男方开战，试图让他内疚，而后者也可能会以同样的方式回击。当然，女方不能任由对方这样污蔑自己，于是列出更多的证据，甚至言辞激烈地指责对方。男方也不示弱，借此发泄以往埋藏在心中的不满，从头开始翻旧账……如此一来，几个月后，这两个人恐怕都可以成为让人内疚方面的专家了。

羞耻感

另一种手段，我们常常把它跟前一种相混淆，则是利用我们能够感觉到羞耻的能力。你可以同时既感到内疚又感到羞耻。一位来访者告诉我，她小时候常因自慰感到内疚，被她母亲撞见又感到羞愧难当。“我知道你在干什么，”她母亲阴着脸说，“以后别这样了。”来访者还感到恐惧，因为她是纯洁的天主教女孩，手淫会让她永世不得翻身。

或许你的人生中也有这种内疚与羞耻融为一体的时候。但是，羞耻与内疚有一些重要的差别。首先，内疚感涉及个人行为本身的正当性，也就是因为自己做了错事而自觉有罪，懊悔自责；而羞耻感则主要涉及别人的看法和外界的评判，行为本身倒不见得有什么错误。比如在上面的例子中，手淫本身并没有罪，手淫带来的罪恶感是通过羞耻感强加上去的。

其次，两者之间的重要差异在于，感到羞耻的人通常受到自身缺点的困扰，而充满内疚的人则注意到自己的违规行为。有羞耻感的人常常认为自己不够好，因为他们没有达到人生的目标。他觉得自己不如同事那么聪明，不如母亲那么优雅，不如老师那么和善，不如朋友那么有趣。相反，格哈特·皮尔斯（Gerhart Piers）和密尔顿·辛格（Milton Singer）在他们合著的《羞耻与内疚》（*Shame and Guilt*）一书中写道，心生内疚的人则认为自己做得很过分。他会对自己说，我真希望自己没有做过那件事。我伤害了别人，感觉太糟糕了。

最后，羞耻与内疚之间的差别在于，深感羞耻的人害怕被抛弃，而心生内疚的人担心受惩罚。前者害怕被抛弃，是因为他觉得自己有太多的缺点，不配得到别人的爱或珍视。有的人非常不喜欢或不尊重自己，他通常会以为，别人只要意识到他不够完美，就会头也不回地离开他；后者预料和担心自己受惩罚，因为他做了错事，必须付出代价。他害怕的惩罚有轻有重，轻则打手心，重则蹲监狱。

羞耻感可能比内疚感更难治愈，因为它涉及个人的自我概念而非特定的行为。感到羞耻的人要改变自己的自我概念，以便获得新的自我概念和自豪感。这通常是一个缓慢，有时甚至是痛苦的过程，包括深刻审视我们对自己在这个世界上的地位的基本假定。

有时候，令我们感到羞耻和内疚的问题相互混杂在一起，到最后几乎变得不可能区分它们。例如，有的人一开始就问自己："我怎么做了那样的事？"在发问的时候，他的注意力要么集中在"我"上面，要么集中在"那样的事"上面。如果是后面这种情况，"我怎么做了那样的事"，暗示着关注那种行为、违规以及内疚感。如果是前面那种情况，"我怎么做了那样的事"，意味着关注自己的身份、缺点和羞耻感。人们很容易依次或者同时提出这个问题的两个部分，从而使内疚感引出羞耻感，反过来也一样。

通过激起对方的内疚感，可以让对方知道哪些是不应该做的，哪些是被禁止的；通过激起对方的羞耻感，可以告诉对方应该做些什么来维持双方关系的体面，尤其是不能损害双方关系的对外形象（比如，对某些事情保持沉默）。

两个人都深信对方会主动地、一点一点地去构建在朋友和家人眼中和睦、团结甚至是相爱的对外形象。这种信任让双方对这段婚姻关系产生自豪感和相互之间的归属感，并形成最基本的安全感。很多人都隐瞒了婚姻关系中的苦痛、暴力或者幻灭，这种情况往往发生在违背家庭意见而结婚的夫妻身上。在这种情况下，暴露婚姻中的问题就会引发羞耻感，因为他们肯定会得到如下的回应："我们早就告诉过你会这样的了。"

羞耻感是因为自己在某个方面的表现跟周围环境的标准不同而产生的羞耻情绪。开玩笑、羞辱、取笑、斥责、扬言报复都会让人产生羞耻感。因此，一位四十多岁的女人在说到她丈夫已经十五年没有碰过她的时候会感到羞耻，哪怕谈话对象是她的咨询师。这种羞耻感来自她的丈夫，他用行动向她表明揭发他会对周围的人，特别是对他们的家庭产生负面的影响。

控制者如何得知受控者在这方面比较敏感呢？我再重复一次，通过不断地试错。控制者先尝试使用某种手段，他自己也不确定它能不能奏效，如果没有达到想要的效果，他就会尝试别的手段。有些控制者知道受控者的短板，有些则不知道。这里再次说明，话语控制是双方互动的产物。某种手段也许能够控制某个人，但是在另一个人身上却起不了作用，再加上有很多人为了不被控制，会求助于心理咨询师，这样一来，控制的手段就需要不断完善……“游戏”变得越来越复杂！

激起羞耻感有三种方法。控制者可以通过在亲人、朋友或是其他人面前，或是埋怨，或是提起，抑或是指出受控者应该做却没有做的事情。控制者还可以威胁受控者，要让后者为其所作所为而感到羞耻，比如，在亲朋好友的聚会上过量地喝酒，然后在这种情况下，控制者告诉受控者，如果后者胆敢向家人透露一丁点他们之间的问题，他就会毫不犹豫地在家人面前把事情闹大。最后，控制者可以向旁人揭露（或者威胁要揭露）两人之间的亲密行为。某个女性控制者会毫不犹豫地告诉她的咨询师她丈夫比较喜欢哪种亲密行为，而这种隐私信息显然是她丈夫不愿意向第三个人透露的。

苏菲出生于一个富裕的家庭，已经结婚十几年了。

她来找我咨询。她发现她的丈夫帕斯卡尔跟她的朋友有一腿，气得发狂。苏菲和帕斯卡尔有两个孩子，交际广，朋友多。苏菲和娘家人保持着紧密的联系。帕斯卡尔出身平凡，也没有苏菲家那么有钱。苏菲谈及出轨这件事的时候，我有些吃惊：她没有先诉说丈夫的不忠所带来的痛苦，而是威胁说万一帕斯卡尔出轨的事被大家知道了，周围的人会如何如何反应。她说，她的丈夫会被当作一个肮脏的人而被抛弃，特别是被苏菲娘家这边的人。因为他从事的是自由职业，所以他还可能会因此丢掉一大半的客户。

在苏菲气势汹汹地说出这些话时，帕斯卡尔一直保持着冷静，也没有为自己辩解。苏菲说完后，闭上了嘴。帕斯卡尔开始说话，提起他们结婚第一年发生的一件事，一件他从未提起的事。他说，那个时候，他发现妻子跟前任还保持着联系，甚至还发生了关系。然后，他开始说，如果他对外说起这件事，将会对她造成什么影响，她周围的人又会怎么看她！

多年来，帕斯卡尔守着这个定时炸弹，没有对外说起。他的婚姻于他是一种“社会阶层的上升”，他并不想对他的婚姻提出什么检验。用激发羞耻感来对抗激发羞耻感。这么晚才得知丈夫知晓自己之前出格的行为，苏菲惊呆了，之前说出的那些威胁的话只能咽回肚子里。这对夫妻竟然靠着互相揭露对方的不当行为带来的羞耻感，维系了两人的婚姻！

担忧、自怜、同理心

有些人会比别人更容易理解他人的不幸。这种同理心很容易被控制者利用。一个女人发现丈夫对自己不理不睬，怀疑他在外面有人了。但是丈夫却解释说，他的冷淡是因为他想起了他某个表亲的去世，心里很难过。女人问男人他表亲什么时候去世的。男人的回答很惊人，让人怀疑他到底是不是认真的："十二年前……"

面对分手的威胁，却想要继续维持双方关系时，控制者会使用这种手段。感觉不到被爱，感受到对方的疏远，意识到对方想要分手的那个人会成为控制的实施者。为了留住对方，控制者会找到替代恋爱关系的另一种羁绊（不再爱着对方，但却想要维持跟对方之间的关系时，控制者也会这么做）。这类羁绊有很多，最常见的，除了内疚以外，还有引起对方的担忧。虽然这种方法有时候是有效的，但它并不是一个好方法，它会强行让控制者或者受控者身陷痛苦、沮丧，甚至是病理化的境遇之中，受控者会感到自己落入了沟通的陷阱。

这类行为有时候会被认为是情感勒索，特别是当它们以威胁要自杀的形式出现时。有时候，我们很难区分哪些是真正的绝望，哪些是控制行为。

安托南，60岁，是一名老海军。从他的脸和他胖胖的身材能看出他经常泡在酒罐子里。他的老伴，埃洛伊兹，是退休的大学教员，身材苗条而优雅。埃洛伊兹言辞粗暴地说她再也受不了安托南了，虽然她以前讨厌说脏话。他们之间的问题是在两个人退休以后出现的。从那以后，埃洛伊兹就开始抱怨。她不是抱怨安托南没事可做，而是抱怨他总是跟一些不好的人来往，跟一些无关紧要的人去一些低级的场所打发时间，尤其是他还大量饮用酒精饮料。与安托南相反，埃洛伊兹仍然活跃在她的研究领域。她马上要出书了，还要参加会议，去旅行。

我知道安托南这样的行为是最近才有的。他以前很重视跟他来往的人的素质，也很注重身材管理，并且一直坚持运动。

让我们来重现一下这场悲剧的剧情：安托南很爱埃洛伊兹，他等退休这一天已经等了很久了。他盼望着退休以后跟埃洛伊兹的关系会更加亲密。但是，对埃洛伊兹来说，退休让她卸下了教学任务这个重担，从此她便可以专注于她钟情的科研事业了。如此一来，她就没有时间陪安托南了。刚开始，安托南选择封闭自己，之后他开始出去玩，但是去的场所和来往的人都不讨妻子喜欢，更何况他妻子眼看着他的身体状况由此下滑。想要让安托南改掉这个习惯并不难，毕竟，他身体不好，不仅让埃洛伊兹为他操心，他自己也会感到不便。

埃洛伊兹变得越来越独立，安托南则很在意埃洛伊兹的一举一动。安托南想要通过引起妻子担忧的方式来挽回他们的关系。他这样做是因为他爱她。这种替代性的羁绊对他来说是一个救生圈，他知道妻子不会放弃他这艘困境中的船……看完了他们的问题，再来看看这感人的结局：一段时间以后，我偶然在街上碰到了他们，他们手挽着手走在街上，安托南恢复了原来的身材，埃洛伊兹的脸上带着笑容。

亏欠感

“我为了你、为了孩子做了那么多的事情，我付出了那么多，你还来责怪我？”有些控制者会利用对方的亏欠心理来实施控制。另一些则刚好相反，他们会让自己成为亏欠者，承诺有一天会偿还，但正如我们所知，这一天永远不会到来。

罗克珊娜跟一个有毒瘾的人成了情侣（不幸的是，这种情况还比较常见）[1]。她是一名主持人，经常参加市里的社团活动。在一个夏天里，她遇到了这个男人并很快跟他确立了恋爱关系。男人的名字叫何赛，他没有向她

1 Voir son témoignage dans *Couple, drogue et dette sans fin ?* , sur le forum *Santé* du site Doctissimo.com.

隐瞒自己吸毒的事。“我还以为那都是过去的事了，但很快我就发现他还在吸。他会整晚整晚地一个人在厨房里吸食可卡因。”她让他别再吸了，他嘴上说不吸了，但还是会背地里继续吸。这些罗克珊娜都知道，但是她爱他，她觉得自己有责任把他从毒瘾里解救出来。

虽然何赛自己有工资，但他还是编造各种借口找罗克珊娜借钱。罗克珊娜也都给他了。有一天，“他完全崩溃了，在我怀里哭着说他想要彻底戒掉毒品，说他需要我的帮助。他说他需要 2000 欧元，后来他还把他父母给他买的人寿保险也全都拿了出来，大概有 5000 欧元。我算是松了口气。虽然这对我来说是一次大出血，但是如果能换来一个人的重生，那也是值得的。我们还去度了假，回来后他在自己身上文了一只圣甲壳虫，象征着重生。当然，这也是我帮他付的钱。”

时间就这么过去了，何赛一直在承诺要还钱却没有做出行动，他仍然在吸毒，但“只是在聚会上”。罗克珊娜抱怨道：“他让我别说了，他说我不懂，说我虽然说得有道理，但是他已经做了很多努力。他说他也想摆脱毒品，但是，在聚会上嘛，他会看着办的。”

“12 月的时候，他又跟我要钱。我崩溃了，我多少次想过要结束、要放弃。我给一个好像叫毒品信息服务中心的地方打了电话。我不清楚我是个什么情况，他们告诉我，我应该为自己着想，保护好自己，说我应该有自己的底线。而且，其他人都不知道这件事，他的父亲、母亲、姐姐以及他最好的朋友都不知道。只有我一个人在面对这件事情，而我觉得我没有能力处理好它。他不愿意告诉我他到底需要多少钱，于是这次要完了，下次又继续要。”罗克珊娜前后借了好几千欧元给他。

到今天为止，“他欠了我 8000 欧元。他从来不付房租，他银行账户里的钱也全都被取了出来。两年来，他每个月 1300 欧元的工资都用来还债，而我甚至都不知道他还的是什么债。我觉得很难受，于是我对自己说，钱不是最重要的，很快一切都会好起来的，就像吉卜林（Kipling）说的：‘孩子，当你看到你毕生的心血毁于一旦，却仍能俯身将其重建，你就真的成了一个男子汉。’”

“每当我提起这个话题，让他老实告诉我，这样的生活什么时候才能结束，他就会爆发，说他的破事他自己解决。他自尊心太强了，他对他自己的事感到羞耻。

我因为帮不了他，心里感到既疲惫又难过。虽然我不了解他的事情，我们仍然谈论着我们将来的计划，订婚、出游、生子。我现在也不知道，我不知道我能坚持走到哪一步。我真的觉得我可以相信他，相信下个月一切都会变好。我期望着我们可以从零开始去创造。我多希望他能跟我谈谈他自己，谈谈他的过去，谈谈正在一步步压垮他的这个重担。我曾经相信我们两个人一起行动会产生更大的能量，但是他想要自己独自解决。面对这样的空白，我觉得孤立无助。我从来没有像爱他这样爱过别人，我并不是怀疑他的决心，我只是不明白为什么他要选择独自面对。”

这个例子很好地向我们展示了一段恋爱关系中的情感控制和经济控制：我们没法放弃这段感情，因为如果我们放弃了，就会觉得之前的投入全都白费了。让自己成为亏欠者，这就是使用羁绊这一控制手段的关键所在。

甜言蜜语

如果做得太明显，这种控制方式可能会显得很油腻。奇怪的是，这确实是一种很有效的手段。这种手段主要是利用了伴侣的自恋心理，并以此来让伴侣接受自己不当的行为：“虽然你没有经历过，但以你的个人经历，你应该知道有时候冲动是不可抗拒的呀！”或者“你知道我唯一爱的就是你！其他人都只是过客”。

不过，对于成熟明智的人，这种手段的效果就要大打折扣，甚至根本无效。只有不谙世事人心的人，才会相信别人口里说的和心里想的是同一回事。特别是近年来社交媒体上流行一种天真的论调，说是要远离刀子嘴、豆腐心的人，坏人怎么可能说出好话呢？因为心里所充满的，口里就说出来。于是，只有那些说话好听的人，才是好人。

任何一个稍懂世事的人，都不会相信这种论调。但是，当人们处于亲密关系之中时，往往当局者迷，被一些在外人看来愚不可及的谎言所迷惑。

野蛮分析[1]

这种方式适用于涉及精神分析学说相关概念的话题。“你把我当成你妈了”，每次当丈夫想要抚摸他妻子胸部的时候，他的妻子都会从精神分析的角度做出这种解读……或者 :“你的恋母情结该治治了！”又或者是 :“你应该去跟你的心理咨询师谈谈你的原生家庭问题，而不是一味地指责我！”

如果伴侣之中有一个学过一点精神分析，那么，为了一件小事，他们就可能吵成这样 :

——“其实你一开始就不看好我们这段感情，是

1 1910 年，弗洛伊德发表了一篇题为《论“野蛮”分析》的文章，告诫年轻治疗师不要进行所谓的野蛮分析（即滥用他的性理论来治疗病人）。——编者注

不是？”

——“你看，你又投射了，是你从一开始就没打算真心和我在一起。”

——“我哪有，我们在一起的时候，我为你做了多少，你又不是没看到？你从来就没有在乎过我的感受？”

——“你看，你又在否认。你的防御机制太强大了。你明明不喜欢我，还要对我好，你这就是反向形成。你的潜意识里……”

——“……”

嫉妒

“如果你不表现出这么强的占有欲，我就不会去外面找人了！”这项指责看似合乎逻辑，实际上，控制者所指的嫉妒之所以会产生，常常是因为控制者在情感或性方面疏远了受控者，引发了后者的不安。而控制者反过来用受控者的嫉妒来为自己的疏远开脱……很快就会形成一种恶性循环：一方越是疏远，另一方就越是表现出强烈的占有欲，甚至是嫉妒，由此造成更进一步的疏远，如此循环反复……

长期以来，我们一直认为嫉妒是可耻的，因为嫉妒表明我们是多么卑微、脆弱和狭隘。但是在亲密关系中，嫉妒其实是很自然、很正常的现象，嫉妒来自爱情的专一性和排他性，如果情侣之间大方到一点嫉妒都没有，那只能说明爱得不够深。没有嫉妒的爱情是不纯粹的，是没有灵魂的。

在亲密关系中对伴侣表现出一点点嫉妒，让对方知道你多么在乎她，这是完全正当合宜的。但要注意把握好度，把嫉妒控制在一个合理的范围内，不能陷入极端，伤害对方的感情。

恐惧：威胁、报复、情感勒索

不管是威胁说要分开，还是在性或财务等方面报复对方，都是为了让对方心里产生恐惧。所以，对于一个可能是同性恋者的男人，当他的妻子说自己可能会跟专业人士，甚至跟父母说他已经有好多年没有碰她时，男人就会以离婚相挟。

情感勒索常常涉及小孩。所以，每次当妻子拒绝为丈夫提供“性服务”（他本人用的就是这个词）时，他就会暴打他们的女儿。妻子完全明白丈夫想要传达的信息。为了保护女儿，她只能屈服于丈夫的意愿。

这种手段也可能会被用来阻止分手。如果其中一方感觉不爱对方了并且表示要分手，被分手的一方实施的情感控制可能会走向极端：最常使用的手段就是引起担忧，甚至是威胁说要自杀，要进行金钱上的报复，要用孩子来进行报复（“你再也见不到你的孩子了！”）

控制者利用自己对受控者的恐惧的了解，建构起了从意识到潜意识层面的策略。他们知道对方害怕什么、紧张什么，注意到对方在经历某些事件时身体的僵硬，但这些绝不是他们刻意记下的。人们会自然而然地留心身边关系密切之人散发出的这些信息。他们依据这些信息，为对方的恐惧量身定制一套行动。

承诺

随口承诺，给对方带来自己可能会改变的希望，以此来让对方停止抱怨。“这只是个意外，我们能过这道坎儿。我跟你保证没有下次了。”在这里，控制者想要维持和伴侣的关系，并做出了承诺。不得不说，如果控制者或多或少兑现了自己的承诺，两人的关系也还是能够保持下去的。在承诺这场游戏中，也会有踩雷的时候。一位女士在她丈夫出轨后带着他一起来咨询。丈夫曾经跟妻子保证，他跟那个女人只是玩玩而已。“我不会再见她了。”他曾经坚定地说。妻子被感动了，原谅了他。然后，有一天，她无意中看到一条消息。很明显，丈夫又跟他的情人在一起了。她指责丈夫没有遵守诺言，丈夫则反驳道：“是，我是承诺过……但我又没有发誓！”

真诚

一对夫妻站在我面前。丈夫吼道："我妻子从来不收我的礼物！"

——"你送她的是什么礼物啊？"

——"我的真诚！如果我跟别的女人在一起，我会跟她说的。"

——"你应该在你跟别的女人在一起之前就跟你的妻子坦白，那将会是一份更好的礼物！"

如同让·卡索（Jean Cassou）所说，"真诚，是源于混乱的冲动，为一切的罪行开脱……"[1]

---

1 Cité par Henry de Montherlant, *Le Démon du bien*, Paris, Gallimard, coll. *Folio* , 1972, p. 212.

读心术

使用这种手段时，控制者会去猜测对方的所思、所想、所感，而后者却又很难去否定这些猜测。“我知道你现在是怎么想的”，或者“我知道在你的内心深处你还是爱我的”，或者“我猜你还在想着另一个人”。想要在这些话面前为自己辩解是很难的。

受控制者心里会有一股莫名的说不出来的愤懑，他要么懒得解释，要么干脆顺着对方的话说：“我就是这样想的，怎么样啊！”

正常化

正常化这一手段指的是控制者向对方提出一个“正常”的要求，并且让对方觉得拒绝这样的要求似乎显然是可笑的。最常见的情况是：跟性有关（交换性伴侣、三人性行为以及其他不安全的性行为）。控制者会把这些行为说成是很常见、很平常、很普遍的行为。另外一种情况则是控制者希望得到更多的自由，比如发生婚外情的自由。为什么要为此编造谎言呢？我也好奇……

要求信任

还记得电影《奇幻森林》中有一幕，蟒蛇卡奥想要催眠毛克利然后杀死他，卡奥低声对毛克利耳语道：“信任我，相信我……”仅仅因为你们是夫妻或情侣就要求对方信任你（言下之意是，如果没有信任，就没法再继续这段感情了），这是最常见，也是最让人心烦意乱、最龌龊的话语控制之一。

当这类话语控制出现时，要马上警惕起来。通常情况下，它们会被用来掩饰肉体出轨或者财产挪用（在不明交易中获取伴侣的签名、借钱或是获得财产管理的委托权）。亲密关系并不意味着一方要放纵另一方，让其任意而为。

可以看出，这些利用情感的控制手段花样繁多。它们都利用了受控者对控制者的信任，而这种信任是因为受控者重视对双方关系的维护。从旁观者的角度看，这些控制可能没什么技巧可言，甚至是赤裸裸的。但是伴侣关系的内部力量却使当事人很难识别出这些控制。

第四章

淹死一条鱼：

精神骚扰

我们最关心、血缘最浓、交往最频繁的人，对我们的杀伤力是最大的。这是因为我们互相知根知底，就算并非有意，也清楚能怎样利用彼此心理和情感上的弱点来达到目的。这导致了很多人际关系噩梦的基本形式——情感勒索。勒索者抓住受害者的恐惧感、责任感和罪恶感，双方一起被困在恶性循环之中。

——苏珊·福沃德《情感勒索》

让对方搞不懂自己身上究竟发生了什么：这就是控制者，不管是男是女，利用谎言、虚假消息以及双重信息（所谓的沟通悖论）想要达到的目的。

开门见山地说，这类控制手段可能严重损害受控者的心理健康，更何况，控制者可能还会利用这些控制手段的叠加效果。我们待会儿就会看到，控制者能轻松地将虚假信息和双重信息结合起来使用。

从谎言到隐瞒

二阶控制论的创始人之一海因茨·冯·福尔斯特（Heinz von Förster）说过，真理是“说谎者发明的一个概念”。绝大部分来咨询的夫妻都说过谎，因为他们认为对方说了谎。就算他们说的是真的，那么他们说这些话是什么意思呢?

一个人的谎言难道不是另一个人的真理吗?谎言和真理难道不是相对的吗?它们不是互相定义的吗?难道不应该考虑信念和社会道德的问题?从哲学的角度来看，的确是这样的。但是，在伴侣之间，这不是一个意识形态的问题，而是一个语义的问题。

真理不是事实，而是一种观点，一种对事实的解读；谎言则是对隐瞒事实这一行为所做出的一种道德判断。

想要避免掉入这一大语言陷阱（“这就是真理”，“不是，你在说谎”），我建议把真理和谎言的问题转换成事实和隐瞒的问题。因为归根结底，这才是问题所在。

那么新的问题来了。我要向我的伴侣隐瞒什么，目的又是什么：是要建立某种关系还是要维护关系？隐瞒有哪些风险，而我是否做好了承担的准备？当我发现伴侣向我隐瞒，或者曾经向我隐瞒过一些事情，我该做出什么样的反应？从这个角度来看，如果对方的隐瞒被我发现了，我可以告诉他我不能接受这一点，不是因为他说了谎，而是我的感受问题。

对于谎言，我需要以社会或宗教道德的名义去谴责它，然而这就给了对方争论的余地。如果这是我个人底线的问题，而对方逾越了这个底线，那就没有什么商量的余地了。

有时候，一方隐瞒的可能是一些过去的事情。而这又涉及一个重要的问题：建立伴侣的亲密关系是否需要我们交付自己的过去？那些可能会让对方困扰的过去藏在心里不是更好吗？一个年轻的女孩把她以前的性生活告诉了她的新男友，从此以后，她的新男友就再也没法跟她发生性关系了，因为他总会想到那些太过具体的画面。还有人会抱怨伴侣不愿意跟她发生某些性行为，但这些行为她以前的伴侣都能接受。还有另外一种情况，这种情况不太常见，那就是一个男人发现他伴侣的弟弟其实是伴侣的亲生儿子，伴侣在未成年的时候生下了这个孩子……

有过短期关系的人，比如在出差的时候跟别人发生了短期关系，常常觉得应该把这件事告诉另一半。但是，这件事跟他的另一半有什么关系呢？我们会觉得，如果出轨者把出轨这件事当作他个人的私事，他就不会危及两人的关系，他也因此摆脱了内心的不安。我们可以认为短期关系应该保密：它属于个人，就如同某些个人的想法、幻想和回忆。如果它们被揭发，反而容易给双方现在的生活造成困扰。

但是这跟隐瞒鬼混不一样。鬼混是持续性的长期的出轨，需要向另一半隐藏自己生活中的一部分，因此它需要使用控制手段，我们在下文中马上会讲到虚假信息这一控制手段。

那么，短期关系和鬼混有什么不同呢？我问过一位女性来访者，她的丈夫是个花花公子。她的回答是："还有第二次，那就算鬼混。"

虚假信息

一对夫妻通过他们的女儿联系到了我。夫妻二人都来了。女方60岁，男方64岁，两个人都长相不错，体态年轻。男方说出了他们之间的问题：由于女方频繁出轨，他们的婚姻出现了严重的危机。两人之间的冲突非常激烈，他们的孩子不得不把他们分别接回自己家住。女方住在其中一个女儿家里，男方住在另一个女儿家里。这对夫妻有四个孩子：最大的那个住在省城，离婚了，是两个小孩的父亲；老二，就是把他们的母亲接回家住的那个，37岁，那个时候她还在闹离婚；老三，35岁，单身；老四，就是把他们的父亲接回家住的那个，32岁，是两个孩子的妈妈，正在打离婚官司。

这对老夫妻中的男方现在已经退休了。他当过工程师，经历了公司重组、集体裁员，后来就不当工程师了。他选择了继续读书深造，完成学业后当了老师。女方只是偶尔出去工作。为了方便男方工作，这对夫妻带着孩子们搬了好几次家。现在，夫妻二人在男方的故乡定居。

男方经常抑郁，前后四次住进了精神病医院。医生说他有嫉妒妄想症（délires de jalousie），需要服用安定类药物来进行治疗。这四次的情形似乎是重复的：男方认为自己找到了女方出轨的证据，而女方则极力否认，将男方的猜疑归咎为抑郁症。（在咨询过程中，女方提出，事态发展至今，都是因为在一次外科手术打麻醉的时候，男方打断了麻醉师。）

然而，剧情的发展出现了转折。来咨询之前，姑妈提醒小女儿说，她的父母可能会发生激烈的争吵。为了控制局面，小女儿决定跟着父母一起来咨询。来的时候，她是站在她妈妈那边的，她也认为父亲有病态的嫉妒和抑郁症，应该早点接受治疗。结果，她发现父亲的猜疑才是有事实依据的！真相的揭露源于几封“匿名”信的出现，这些信是她母亲写给她情人的老婆的。她母亲的情人在跟她父亲对质的时候，不仅承认了出轨一事，还让她父亲管好自己的老婆……

这几封信如同晴天霹雳一般击中了这个家庭。知道真相后，每个人都不得不重新思考过往的种种。女儿们很怕父亲会杀掉母亲。神奇的是，这对夫妻很快就和好了，因为看着被子女责备的妻子，丈夫产生了怜悯之心！我询问女方这么做的原因，想知道为什么她要向自己的丈夫传递虚假信息。她的回答相当惊人："我说的是实话呀，我这么做是为了这个家的安宁！"

这个案例说明了一个重要的点。是什么让秘密变成了致病的毒药？我的猜想是，在某个时刻，秘密的某些蛛丝马迹可能会被人察觉，也就是说，尽管有所察觉，但是证据并不确凿。而控制者为了抹去那些可见的痕迹，防止秘密被暴露，就会对可能发现秘密的人进行控制。简而言之，当有人为了保守秘密而制造虚假信息，使他人产生罪恶感时，秘密便成了致病的毒药。

虚假信息不是说谎，而是更微妙地作用于对方的认知系统，影响对方的感知机制。你所看见的，你肯定没有看见；你所听见的，你肯定没有听见；你所想的，你肯定没有想到。

虚假信息是非常有害的。它将受害者置于一种焦虑的境地：当我的伴侣对我说是我搞错了，我应该相信我自己的感知还是应该相信他呢？这个问题很关键，因为不管是哪一种回答都会造成一定的后果。如果我选择相信自己的感知，我们的婚姻就处于危险之中：让我跟一个欺骗我的人在一起，太难了。如果我选择相信伴侣，我就会有一个问题，虽然不知道该如何表达，但我能切实地感觉到我的体验和别人强加给我的“现实”是相互矛盾的。

就这样，暴露在虚假信息中的人总是摇摆于两个状态之间：相信自己还是相信对方。如此一来，虚假信息的受害者就会出现心理问题。如果这个情况持续下去，出现抑郁症状也是不足为奇的。

虚假信息利用了人类的认知不足。从孩童时期开始，人类就倾向于在得到别人的确认之后再去相信自己的感知。在孩子的成长过程中，他会向周围的人提问，因为他认为周围的人知道问题的答案，这也是成长过程中很关键的一步：孩子需要依靠外部世界，特别是他身边的成年人，来确认自己的答案。这个过程可以帮助他相信自己，相信他自己的感知。认知的建立必须经历这一步。但是，建立认知这一过程永远是现在进行时。

接下来要说的跟上述内容紧密相关。当碰到需要信任自己的情况时，成长经历不同，成年后的反应也会有所不同。一个孩子如果很早就受到虚假信息的毒害，那么将来他很可能会出现认知不足，更容易成为虚假信息的受害者。更糟糕的是，他以后可能出现心理问题。

成年人也需要别人来确认自己的感知。一个年轻的女人告诉我，她的丈夫打她，但她并没有意识到这件事是不正常的，因为她周围所有的人，包括她自己的家人，都对她身上的伤痕视而不见。直到有一天，他们夫妇跟她的一帮朋友入住了同一家酒店，她的丈夫在酒店房间里打她，把房门也打开了，就这样，她的一个朋友听到了她的叫声。从朋友的眼神里，她才最终意识到自己被打了。

人类认知不足并不是虚假信息的唯一要素。还有另一个重要因素，那就是亲密关系是二元的、封闭的，没有第三方的存在。经典剧情如下，假设男方出轨了，一系列出轨的迹象都摆在了女方面前，其中最常见的是他频繁地跟一个她不认识的陌生号码联络。更明显一点，他手机里未删除的暧昧短信，以工作为由推掉约会，新的日程安排需要他每周周末出差等等（网络和手机是这类信息的集中点）。

面对女方的推测，男方摆出一副正儿八经的样子，坚决否认，还一脸震惊地反击说，他没想到妻子居然会这么想，他只是想让他们的小家庭过得好一点，为此甚至不惜牺牲自己的业余时间……有时候男方可能也会说因为他要肩负的责任变多了，所以会身体疲惫、会情绪低落。但是有一点是不变的：他说最让他难受的是妻子含沙射影的话语和这种猜疑的气氛……

在亲密关系中，如果对方很坚定地说出一些话，我们上哪儿去找一个第三方来帮忙确认能不能相信这些话、能不能相信这个人呢？结局只能是女方虽然困惑不已，却还是连连向男方道歉。她应该冒着失去丈夫对她的感情的风险，相信自己的感知，还是应该埋葬自己的猜疑，怀疑自己的感知？

再举一个例子。丈夫坚持说自己已经戒酒了，然而，透过将厨房和客厅隔开的毛玻璃，妻子看到丈夫把酒瓶放入嘴里，这已经很能说明问题了。尽管如此，丈夫还不松口，说自己已经不喝酒了。丈夫的否认让妻子很混乱、很不舒服，她一方面希望自己能够相信丈夫，一方面又不得不面对丈夫酗酒的老毛病。

推卸责任。这是很常见的一种控制手段，也属于虚假信息。葆拉跟丈夫抱怨说，丈夫跟前妻所生的女儿对她的态度有问题，这个孩子既不尊重她本人，也不尊重她的私人空间，问也不问一声就向她借东西，拿她的化妆品。而丈夫却说，相比起来，她跟他告状才是个大问题，“如果你不跟我说这件事，那也就不会有这些问题了……”

事实上，没有第三方的确认，相信自己，也就是说相信自己的感知，并不是件容易的事。相对原理[1]能更好地解释这个现象。根据海因茨·冯·福尔斯特的理论，相对原理指的是某个因素，只有当它被至少两个在同一条件下、面临同一境遇的人所承认时，它才是存在的。“根

1 Heinz von Foerster, *Oberving Systems*, Intersystems Publications, 1982, p. 307.

据相对原理，一个因素如果被两个孤立的观察者单独所见，那么它是无法被接受的，”海因茨·冯·福尔斯特继续解释道，因此，“一个地球人和一个金星人如果各自单独说自己的星球是宇宙的中心，那么他们的话可能听上去是可信的，但是如果有一天他们两人碰面了，那么他们两个人之前说的话都会变成不可信的”。当有人违背这个原理的时候，沟通陷阱便出现了：说的人不要求对方站在同一观察角度对事实进行判断，而是要求对方相信他说的话，并放弃自己的判断，也就是要求对方相信他，承认他就是世界的中心，是唯一知道真相的人……

信任这个因素经常出现在伴侣的对话当中：“信任我”，“相信我”，“为什么你不信任我？”或者以其变体出现：“我没法继续维持一段没有信任的感情！”我们很清楚，信任使控制者能够避开相对原理，从而传递虚假信息。

一个五十多岁的女人看了十几年心理咨询师，尝试了各种治疗方法。在她被诊断为“抑郁症”以后，她就开始大量吃药，抗抑郁的和其他安神类的都有。我见到她时，她认为自己得了一种叫作抑郁症的病，一辈子都要接受治疗。我个人认为病症不是由生物的命运决定的，也好奇病症是在怎样的情景中产生的。我的这种好奇一直都有，但它不是侵略性的，而是以尊重来访者为基础的。我保持这种好奇，是因为我相信，唯有获得这些信息，才能让那些自我封闭甚至认为自己得了不治之症的人走出困境。

这位女性来访者的经历承载了重要的信息。组建家庭是她人生中一个非常重要的时刻。她和一个男人结婚了。这个男人在所有方面都符合成家的条件：相同的社会地位，相同的文化程度，互补的家庭。但是，她自己知道她是不爱这个男人的，因为她之前跟另一个男人谈过一段恋爱。在结婚的前一晚，她向父亲坦白了自己的犹豫，但父亲告诉她，现在后退太迟了。她妥协了，心里觉得自己的犹豫是一种过错，更何况，坚守承诺才是人人称赞的美德。

婚后不久，她就发现丈夫其实并没有很爱她！丈夫还放不下前一段恋情（之后又悄悄地跟前任好上了）。名存实亡的夫妻生活就此开始。两个人其实都知道他们之间的感情状况。而且，丈夫似乎并不知道妻子的痛苦。

他们有三个孩子，生活也照常继续，然而，这两个人都活在虚假信息中，大家都知道事实的真相却都假装不知道……

在这种情况下，她第二次向父亲坦白，提出了她对这段婚姻的质疑。这些年来，夫妇二人都完美地扮演了各自的角色，在周围人的眼中，他们是一对很和睦的夫妻。他们生活舒坦，丈夫因为事业的成功也颇受赞赏和倾慕。这次坦白后，父亲再一次摆出了不妥协的态度，还说她有责任继续跟这个男人生活下去。然而，她的丈夫一次次出轨，还死不承认。她长期受困于虚假信息，她的感知一次次被丈夫否认，周围的人似乎也没有觉察到她所感知到的东西。

感觉到自己的状态越来越不好以后，她把情况告诉了心理咨询师，这位咨询师将她诊断为抑郁症。对她来说，这是噩梦的开始，尤其当她发现所有人，包括她的父亲，都认为她得了一种病，需要长期治疗。可想而知，两人的婚姻关系并不会有什么改变，她的丈夫甚至利用她去咨询的空当去幽会。她的状况只会更加恶化。尽管如此，或者说正因如此，她发现每个人都更希望她当一个病人，而不是一个反叛者。

然后，她就陷入了内疚之中。不管怎么说，她不是接受了这段婚姻吗？她可能还要把抑郁症病人这个角色继续演下去。当我见到她时，因为药物的作用，她的外表有了明显的变化，动作也变迟缓了，这些症状反过来又似乎在向他人宣告自己的“抑郁症”还没有痊愈……她陷入了两难的境地，痛苦无比：如果她的健康状况有所好转，她就需要去面对婚姻的现实，并且可能会在得不到家人支持的情况下离开丈夫，独身一人，没有物质支撑，也没有情感依靠；又或者她继续自我封闭在病人的角色里，这样可以让他们的婚姻继续，加强她与丈夫的纽带关系，而她本人则可能会付出精神错乱的代价。

在这个阶段，我要做的是让她重拾自尊。病人的角色不仅不能让她找到治愈的方法，反而让她的情况更糟糕，甚至因此丢掉了自己的尊严。我会从多方面来解决她的问题：让她知道我理解在这种情况下，她“自然是要生病的”；让她把多年来埋藏在心里对丈夫、对家庭、对父亲的怨气都发泄出来（愤怒是抑郁的反面，虽然不是正常的状态，却是实实在在的解郁利器）；最后，帮助她找到社会人的位置，让她能够脱离被疾病控制的机械状态，找回做人的尊严。

双重信息

——“你懂外语吗？”红皇后问，“‘Turlututu’用德语怎么说？”

——“中文里没有‘Turlututu’这个词。”爱丽丝非常认真地回答道。

——“谁说它是个中文词了？”红皇后反驳道。

爱丽丝觉得找到了可以应对的答案，用必胜的语气说：“如果你能说出‘turlututu’是哪国的语言，我就告诉你它用德语怎么说！”

然而，红皇后快速地立起身来，高高在上地说道：

“一位皇后是不会与人争辩的[1]！”

双重信息和虚假信息的区别在于，控制者会混淆视听、在受控者所感知到的内容里制造混乱，而不是引起受控者对自我感知的怀疑。这种手段比虚假信息更可怕，因为它不再是让受控者从现实中感知到的与另一方所说的互相矛盾，而是让受控者质疑自己所感知到的东西，因为受控者接收到的信息本身就是自相矛盾的。

领带的例子就是一个经典的例子。一位母亲送给了儿子两条领带。如果他系了其中一条，那他就是不喜欢另一条；如果他一条都不系，那他就是不爱他的母亲；如果他两条都系，那他就是疯了……在这里，问题不是在两种信念（他的信念或她的信念）之间选择一种，而在于破译对方的信息，但根据定义，它是无法破译的，因为其中包含了有毒的逻辑。

双重信息这一概念的提出者格列高里·贝特森（Gregory Bateson）给出了另一个例子，还是母亲和儿子

1 Lewis Carroll, *Through the Looking – Glass, and What Alice Found There* (1871), trad. fr. *De l' autre côtédu miroir*, Paris, Denoël, 1931.

的故事。母亲张开双臂，似乎是想要儿子投入她的怀抱，但每当儿子靠近时，她又会有微微后退的动作。如此一来，孩子便陷入了双重信息的困惑中：他可以相信母亲第一个动作所传递出来的信息，即他是被爱的，也可以相信她第二个动作所传递出来的意思相反的信息。但是如果他问母亲，这两个相互矛盾的动作是什么意思，他得到的回答只会让他更加困惑，因为母亲会指责他居然怀疑一个母亲的爱。就像刘易斯·卡罗尔撰写的片段中那样，红皇后向爱丽丝提出了一个刁钻的问题，当爱丽丝反问红皇后时，红皇后却回答说："一位皇后是不会与人争辩的……"

一位女士向我抱怨自己的丈夫："他话都不说。"

——"我不说话，"他回答道，"是因为你一直在说！"

——"你看到了吗，咨询师，他总是这样，从来不承认自己的错……"

另一个例子："他从来没给过我什么。"

——"不是吧，母亲节的时候我给了你一个礼物！"

——"是的，但那是因为我跟你要，你才给的。"

下列这种回答尤其有害：

“我离开你，是因为你没有努力让自己成为一个有魅力的人。”一段时间以后，

——“你看，我努力了！”

——“对，但是已经太晚了。”

这些信息不仅是矛盾的，也是无法理解的。该如何理解它们呢？双重信息对受控者的麻痹作用是立竿见影的：当我们连信息本身都无法理解时，又怎么能够做出反应呢？

双重信息可以表现为说话时绕圈子，就像我们在上述这些例子中看到的，它也可以表现为语言和行动上的不一致。比如，妻子指责丈夫长时间忽视她，丈夫回答说：“你怎么能怀疑我的爱呢？我都已经娶你了！”话是没错，但那已经是十五年前的事了……

书中，格列高里·贝特森一开头就提到，双重信息的效果取决于控制者和受控者之间的关系。双重信息的使用需要一方去理解另一方传递出来的信息，只有当双方关系极其或者很重要时，它才会产生有害的影响，不然的话，什么都不会发生。

如果亲密关系出现问题，两人的沟通中就会经常出

现双重信息。双重信息除了给人带来困惑和焦虑以外，还可能会削弱受控者自我定位和主动采取措施的能力。

在某些情况下，双重信息不再是控制者迷惑和扰乱受控者的手段，而是双方互动的结果。还有一种比较常见的情况，其中充斥了各种各样的双重信息：一个人已经不爱他的伴侣了，但他尊敬对方，甚至对对方还有感情。在这种情况下进行情感控制是有效的，在我看来，实在是太有效了。

一位丈夫和他的妻子来咨询。他提出的要求是：让他妻子的病情好转。几个月来，他的妻子因为患了“抑郁症”开始接受咨询，但却没有任何好转，因此他的这个要求似乎很合理。直到我得知问题的源头是因为丈夫提出离婚要去跟另一个女人在一起时，我才搞清楚状况。之前，妻子用悲伤向丈夫表达自己有多么依恋他，丈夫也被这份悲伤打动了。很明显，他对妻子还抱有尊重和感情。于是，这就形成了一个死循环：每当妻子的情况有所好转，他就会表达出想要离开妻子的念头，很快，妻子便又陷入了悲伤，而这份悲伤被心理咨询师打上了“抑郁症”的标签，他也因此不能离开妻子。所以我认为他提出的要求是不可能满足的，因为这个要求里包含了双重信息："让我妻子的病情好转……这样我就可以离开她了！"

第五章

将反抗扼杀在摇篮里：孤立、诋毁、摧毁对方

我们听到的一切都是某种意见，不是事实。

我们看到的一切都是某种视角，不是真相。

——马可·奥勒留《沉思录》

或动词“是”的危害

“你是……”使用污名化手段的控制者说话时总喜欢用这两个字开头。

“你是笨蛋、醋坛子、丑八怪、废物、人渣、蠢货、可怜虫、性无能、疯子、神经病、扫帚星。”

这些限定词都可以被用来撼动对方的心理防线，诋毁、贬低、羞辱对方。

海因茨·冯·福尔斯特能帮助我们理解这些话语的毒素在哪里。他在他的一本著作中[1]描述过，我们人生中遇到的第一个女性控制者是说着“菠菜很好吃”的母亲。

1 Voir Heinz von Förster, *Observing Systems. Selected Papers of Heinz von Foerster*, Intersystems Publications, 1982.

这句话是有毒的话语的一个绝佳例子。事实上，菠菜不是好吃的，而是绿色的。

说“菠菜是绿色的”，是对它的客观属性进行描述；说“菠菜是好吃的”，则是把个人的观点当作事物的客观属性。这意味着我们的母亲是坏人吗？当然不是！虽然她们的表达在语法上，或者说在句法上有缺陷，但她们这么说只是希望我们能咽下这碗绿色的菠菜汤。

当有人告诉你“你是一个变态”“你是一个病人”“你是一个疯子”等等的时候，情况也是如此。这些客观描述其实是两人之间关系的产物。只有当客观描述和关系产物之间区别明显时，这些描述才算得上是话语控制。

这类话语控制非常普遍，为了个人的身心健康，很有必要学会识别它。它涵盖了很多种情况，可能出现在伴侣之间，也可能出现在家庭内部。在这些情况中，有人会带着断然甚至激烈的口吻说着“你是个卑鄙小人（或者无耻之徒）”这样的陈词滥调。

也就是说，他用了一个形容词来定义一个人的品质，而这个定论实际上是他和描述对象之间关系的产物。没有人纯粹是卑鄙的（或者说比较少）、控制欲强的、变态的、暴力的、柔情的、善良的，或是慷慨的。只不过，我们在某段关系中会展现出这样或那样的一面，而在另一段关系中，则会展现出不同的一面。

因此，问题不在于菠菜究竟好不好吃，问题是动词“是”被用来使人相信，它所描述的是菠菜内在固有、不可更改的性质。这句话的毒素就在这里：我们可以说菠菜是绿色的，但我们不能说它是好吃的。只有真的认为菠菜好吃的人，以及在特定的情况下，想要让小孩子咽下菠菜的人，才会说菠菜是好吃的。这样做的问题在于，他们在吞下菠菜的同时，也接受了一种错误的论证，并可能在将来使用同样的论证。

这类话语控制在伴侣之间表现为：“你是个病态自恋者”；在家庭中表现为：“你是个坏父亲（或儿子，或母亲等等）；在精神病学领域表现为：“你是一个双相情感障碍患者、抑郁症患者、自闭症患者、精神分裂症患者（多项可选）。”这些话的危害相当大，因为这种虚假的客观性把在某段关系中产生的个人意见包装成了绝对肯定的客观事实，而这种绝对肯定通常只涉及无生命的物体。

在这里，要感谢普通语义学的创始人、哲学家阿尔弗雷德·科日布斯基（Alfred Korzybski），他告诫我们要小心动词“是”的滥用。他认为这个动词扰乱了人的思维，两个人的真实关系虽然在这个动词中得以体现，但在现实中却不是完全如此。

动词“是”的使用，如“他是或者你是如此这般”，应该被理解为：“这个人认为我‘是’这样的，另一个人可能并不这么认为。这些话不是对我进行价值判断，而是向我传递某种信息，目的是利用我们之间已经建立的关系来损耗我、麻痹我，使我内疚。”

病理化，或乱贴标签

有些人通过宣称自己患有抑郁症来维持亲密关系，也有一些人为了维持亲密关系，声称自己的伴侣有抑郁症或急性脑病综合征[1]，言下之意就是，伴侣的要求或诉求是不可信的。我提议将这种控制机制称为“乱贴标签”，因为它断言对方得了精神疾病。这一声明虽然会对当事人的内心造成困扰，但是在外人看来并没有什么不妥，这也是我如此定义该机制的原因。

举个例子。一对四十多岁的夫妻来咨询。提出前来咨询的是丈夫，妻子对此是犹豫的。两人都承认过得不

1 急性脑病综合征又称为谵妄症。患者认知功能下降，觉醒度改变，感知觉异常，昼夜颠倒。——编者注

幸福。有好几次，两个人因为情绪爆发而打架，最终又和好了。丈夫很霸道，如果妻子下班之后没有立即回家，他就受不了。他算好了她的通勤时间，如果她晚几分钟到家，他就觉得她跟别的男人有染。他还查看妻子手机上的信息和邮件。就这样过了五年，虽然当中也穿插了相对而言比较幸福的时光，但丈夫的嫉妒和管控与日俱增。在心理咨询师的帮助下，特别是因为她跟一个姐妹——这个姐妹的婚姻也不幸福——走得很近，她决定结束这段关系。她之所以和丈夫一起来看心理咨询师，是因为她怕他，怕他可能会爆发的暴力行为。有趣的是，丈夫对此有别的理解。他说实际上他们两个人是不可能分开的，他们是天造地设的一对，如果她提出要离婚，那是因为她精神不正常。咨询结束后的第一周，他给我写的邮件就快要把我淹没了，邮件的内容看起来就像医学报告一样。在他眼里，或者说，他认为心理咨询师应该能看出他的妻子有“边缘性人格障碍”“抑郁症”或是“双相情感障碍”等等，我就不一一列举了。结论就是，他的妻子应该接受治疗，这样他们的婚姻生活就能够继续下去。

这种病理化的手段可能会有别的不那么激烈的表现形式。比如某些人发现对方反复出轨，却还是选择原谅对方并挽救这段关系，对此他们会解释说对方的这些出轨行为是抑郁症的表现：他或她之所以会那么做，是因为抑郁症……

种族歧视，性别歧视

种族歧视和性别歧视（后者包括，比如，对对方说："你们女人"，或者"你们男人"）能够有效地孤立对方，将对方围困于由生物结构决定的命运之中，在这种命运里，男人都是天生的控制者，女人都是天生的堕落者。意大利精神病专家玛拉·塞尔维尼·帕拉佐莉（Mara Selvini Palazzoli）发表过一篇重要文章[1]，文中她揭露了一些被她定义为家庭内部的种族歧视的表现。有些家庭成员把另一些家庭成员的行为归因于生物、基因，并把它

1 Mara Selvini Palazzoli, *Le racisme dans la famille* , *Thérapie familiale*, 1(1), 1980, p. 5–16, repro–duit in Matteo Selvini, *Histoire d'une recherche: l'évolution de la thérapie familiale dans l'œuvre de Mara Selvini Palazzoli*, Paris, ESF, 1987, p. 58–74.

扯到其家族，通常是其父母身上。

伴侣间的种族歧视跟家庭成员间的种族歧视是相对应的，它表现为把对方的某些性格特点跟其出身联系在一起。面对这类指责，很难找到反驳的办法。“你跟你家那边的人一样，抠门（或者喜欢喝酒）”，“你们家不少人都得了抑郁症，你也一样，而且你们家没有一对夫妻能够长久的”。还有一些指责甚至都不是针对当下发生的事情，而是将对方家族的基因牵扯进来，并跟对方家庭将来可能发生的事情联系起来……

用这种方式来表达的人，言下之意就是他的伴侣有些行为确实是不妥当的，最重要的是，他对伴侣的改变不抱任何希望。这种控制手段特别让人感到耻辱，而且完全不考虑遭到谴责的行为的来龙去脉。

重塑过去：修正主义

以指责的方式重塑两人的过去，或者说重新解读往事以使它失去原有的价值，是一种很常用的控制手段："从一开始，你就没有爱过我""你跟我结婚也是无可奈何，因为你的前任抛弃了你""你当时害怕自己会当一辈子老姑娘""你当时只是对我的钱感兴趣"，或者，在一些比较罕见但杀伤力更强的例子里："你跟我结婚是出于同情，因为我怀孕了。我个人是根本不想跟你结婚的，但是当时我根本没得选。"顺便指出的是，"从不"或者"总是"这样的字眼常常会出现在控制者的语言里。如何回应这样的指责呢？努力为自己辩护？没什么用的，这样做有时反而会让指责变成板上钉钉的事实：我之所以为自己辩护，是因为我心里有鬼。

这种对过去的重塑可能会产生破坏性、毁灭性的影响，因为它触及了亲密关系的创始神话。来看看吉安和劳拉的故事。他俩是在波利尼西亚一座与世隔绝的环礁上认识的。劳拉去那儿旅游，逗留了一段时间。吉安是一名军医，当时在岛上执行任务。刚开始的时候，两个人激情满满，随着时间的流逝，关系也变得平淡了。劳拉怀念着过去，跟吉安提起他们刚开始交往时的种种浪漫。对她来说，这是一次非同寻常的相遇。然而，吉安却回答说："这也没什么大不了的，毕竟岛上只有你一个女人。"

否认主义，或孤立对方的艺术

否认主义是最坏的一种话语控制手段。首先要提一下，否认主义指的是否认证据确凿的事实、否认历史事件，比如否认种族屠杀，否认德国纳粹残害大批的犹太人和吉卜赛人，或是否认亚美尼亚人在突尼斯被杀害等等。否认主义者的行动目标是修正历史，使用的手段则是把事实转变为观点（这与污名化正好相反）。否认主义者声称，既然有些人有权相信毒气实验室的存在，那么他也应该有权相信另一种说法。

否认主义跟虚假信息很像，但它们不是一回事。它们之间有一个很大的区别：虚假信息篡改了见证者、记忆承载者以及受害者接收到的信息，造成了信息混乱；否认主义则不针对受害者（这一点与种族歧视相反），它针对的是受害者周围的人。否认主义的行动旨在诋毁见证者和记忆承载者。甚至可以说，否认主义者不会去说服记忆承载者，让他觉得是自己搞错了、理解错了。对否认主义者而言，重要的是要把后者变成一个有问题的人、一个有个人隐藏利益的人，也就是说，诋毁整个群体。记忆承载者在群体里成了一个骗子、叛徒、一个追求不正当利益的存在。简而言之，他被妖魔化了，即使他是受害者！

在这里，否认主义跟"乱贴标签"很接近：控制者给受控者乱贴标签。一位男士经常出轨，他的妻子实在无法再忍受。"你得了抑郁症，应该去接受治疗。"男人对妻子说。"我不是无缘无故抑郁的。"妻子回答道。男士说："是啊，因为你总是胡思乱想。"然后，他就对周围的人说："你们知道吧，我的妻子身体不太好，总是胡思乱想……"如此一来，他就把妻子孤立起来了。

否认主义的影响有两个层面。首先，对受害者而言，他的记忆被嘲弄、被质疑、被谴责。然后，是对外部世界的影响，包括朋友圈和双方的家庭。

再次说明，否认主义是一种非常过分的行为。否认主义可能会使受害者放弃辩解（“既然没人相信我，那我便从此不再提起”），还可能会导致重度抑郁。在这里，我想提一下，普里莫·莱维（Primo Levi）[1]是自杀身亡的，当时否认主义浪潮在意大利横行，他自杀前一晚写的最后一篇作品就是反对否认主义的。有时候，否认主义会让人精神错乱，让人发疯。它破坏了记忆承载者和他周边世界之间的关系。我在此强调，否认主义攻击的是将受害者同其归属群体联结起来的那种东西，也就是团结。它一边孤立受害者，使他在社会或在家人心中失去信誉，一边将自己塑造成受害者的形象，吸引别人的同情或理解。

否认主义的例子，我见过很多。我认为，在最极端的否认主义例子中，竞争关系扮演了重要角色。在下面的例子中，一位母亲使用了否认主义的控制手段，为

1　普里莫·莱维，1919—1987，意大利作家、化学家以及奥斯维辛174517号囚犯。1948年出版第一本书《如果这是一个人》(或《活在奥斯维辛》)，此后数年，一直笔耕不辍，撰写了一系列文章，涉及诗歌、小说、散文、回忆录等各个领域。所有这些文字的实质都是一致的：它们无一例外，都在书写集中营的生活、回忆与反思。1987年，莱维坠楼身亡，验尸官认为是自杀。——编者注

的是获得丈夫更多的关心，因为在她看来，丈夫更关注他们的儿子。我跟他们全家见了面，包括：这对父母，六十来岁，两人都是给别人提供专业帮助的；他们的儿子，四十多岁，手艺人；以及他们的女儿。

在我面前，这位母亲向我展现了我闻所未闻、见所未见的控诉技巧。她声泪俱下地向我表达了她深深的绝望，并且毫不留情地谴责了儿子的态度、他的谎言、他的攻击性，尤其是他的忘恩负义。激烈的言辞中还时不时掺杂了粗暴的表达方式，她在说到“被错误分析的竞争关系”时，甚至还打了我一下。

面对这番言辞的暴击，儿子震惊了，表示不理解母亲为什么会是这样的态度。长期以来，因为工作忙，母亲都没怎么照顾过他，也没怎么照顾过妹妹。他不明白母亲为什么说他是欠她的。儿子刚说完这些，母亲就转过脸来对我说：“你看到了吧，医生，这个孩子就是这么忘恩负义，他甚至都看不到我对他和他父亲所有的付出，特别是对他的付出。”

这位父亲的态度最能说明问题。口头上，他是站在妻子这边的，但从另一方面看，他有时候好像又比较同意儿子的观点。当儿子否认母亲一些莫须有的指责时，父亲一面赞成儿子说的话，一面又将身体转向妻子，似乎是在支持她。

家中的女儿则比较偏向于母亲这一边。她表示目前的情况简直让人受不了，哥哥最好还是改变一下自己的态度。

正如我所说的，儿子似乎不理解母亲的指责，并试图说出自己的痛处，说自己对母亲是敬重的。但他的话很快就被驳倒了。在这里，我们发现了否认主义的几个要素。儿子是记忆承载者，他知道在他们小的时候，母亲没有照顾他和妹妹，而他却反被说成是一个骗子、一个没记性的人、一个不知感恩的人。这位母亲哭着说，儿子都这样了，家里的其他人都应该支持她。这些话自然是说给她丈夫听的。

还有一种存在于伴侣之间的否认主义表现如下。一位女士前来咨询，她精神快崩溃了，她再也受不了了。事实上，自从十五年前他们的第二个孩子出生以来，她的丈夫就没有再碰过她。她曾经问他为什么，但他要么不回答，要么就说这种事情他自己一个人也能解决。

丈夫跟他自己的父母走得很近，尤其跟他母亲的关系甚好。他之前结过婚，第一个孩子出生后，他的前妻就离开了他。

这位女士威胁丈夫说要把自己所受的罪都告诉丈夫的父母。丈夫马上也变得气势汹汹。总而言之，两个人现在的关系很紧张。

在倾听他们讲述情况的过程中，我看到一幅类似于否认主义的画面正在生成。丈夫试图在妻子揭发事情真相之前，先败坏妻子的名声。为此，他先是提起一桩遥远的往事：在他们刚结婚的时候，妻子没有好好照顾他和前妻生的孩子。妻子否认了这件事。她丈夫的父母都相信自己儿子说的话，对儿媳妇这个人是否真诚产生了怀疑，以至于现在，哪怕她揭露丈夫如此对待她的事实，也没有人会相信她。她感到自己被孤立了，于是在某些时候她对丈夫表现得咄咄逼人，而这却使她变得更加孤立。孩子们不知道父母为什么吵架，只觉得母亲是这些争吵的始作俑者。

最后一个例子。一位妻子发现丈夫跟她的父母、兄弟姐妹还有孩子说她要跟丈夫提离婚。然而，事实完全相反，想离婚的人是她的丈夫！如今，她感到自己被孤立了，孩子们误解她，认为她是一个想要抛弃家庭的人，而他们的父亲则被看作一个可怜的受害者……

第六章

完美的玩偶：什么样的人更容易被控制

人们深切关心的是寻找一个对象，以便把随自己这个可怜的生物与生俱来的一份自由赶快交付给他。但是，能握有自由的只有那个能安慰他们良心的人。

——陀思妥耶夫斯基《卡拉马佐夫兄弟》

令人吃惊的是，控制与被控制的游戏不仅满足了控制者的需求，也是受控者的渴望。

不得不承认，很多受控者渴望变成一个“柔弱的、无脑且无助”的人，从而回避责任和义务，获得需求的满足。

要深刻理解这一点，我们不妨翻开易卜生的《玩偶之家》，看看家庭矛盾爆发之前的女主人公娜拉。在人们的眼中，娜拉是一个没有工作、少有主见、饮食方面没什么自制力的女人，经济上完全依赖丈夫，孩子大部分时间委托给保姆照顾，只负责唱歌、跳舞、购物、装扮自己取悦丈夫。

这个女人在与人互动的过程中，时刻都在表露“我是一个柔弱、无脑且无助的人”，从而传达出“我没有用，我无法承担任何责任和义务”的信息，以及“你必须帮助我”的诉求。确实，这样更能激发男人的保护欲，从而巧妙地将自己必须承担的责任转嫁到对方身上，以此满足自己的需求。

在这样的互动中，“我什么都不会”巧妙地衔接了“你的一切由我来安排”，形成控制与被控制的链条。

那么，什么样的人更容易被控制?

从表面上看，“无脑”的人更容易被控制，因为他们人格不独立、意志不坚定、自我认识不足。他们过度贬低自己的能力，觉得自己“离开他人就无法生存”，容易受环境因素影响，不清楚自己的核心需求。

同一性早闭者

马西娅（Marcia，1980）认为，同一性是一种自我结构——驱力、能力、信念和个人历史的一种内部的、自我建构的和动态的组织。这种结构发展得越好，个体就越能意识到自己的独特性和与他人的相似性，在将来的人生中清晰意识到自己的优点和缺点。这种结构发展得越不好，个体对自己与他人独特性的认识就会更混乱，更多地依靠外部资源来评价他们自己。

自我同一性（ego identity）这一概念最早由精神分析学家艾里克森（Erikson）提出。马西娅（Marcia，1993）认为同一性作为一种内在的、自我建构的结构以及主观体验不能被直接观察到，因此，她从同一性概念的行为层面出发，根据艾里克森同一性理论中两个主要的过程变量——探索和承诺的程度高低来对同一性加以操作化，划分出四种同一性状态：

	高探索	低探索
高承诺	同一性获得（identity achievement）	同一性早闭（identity foreclosure）
低承诺	同一性延缓（identity moratorium）	同一性扩散（identity diffusion）

其中，低探索、高承诺的青少年称为同一性早闭者。这类个体没有体验过明确的探索，但却很容易投入，这种投入基于父母或权威人物等重要他人的期待或建议，他们接受了权威人物预先为他们准备好的同一性。

这类个体的自我同一性会固着在青少年时期。当他们长大后从原生家庭中走出来时，会下意识地去寻求权威人物，实现被评价、被肯定，从而获得自我概念的稳定感。

另外，其他许多研究（Clancy & Dollinger，1993；Kroger，2000）补充了以上观点——同一性早闭者盲从权威，对环境的适应性差。

不安全依恋者

依恋（attachment）这个概念最早是由英国精神病学家鲍尔比（John Bowlby，1969）提出的，他在洛伦兹（Konrad Lorenz）的研究（婴儿对母亲的印刻理论）和哈洛（Harry Harlow）的实验（幼猴尽管由铁丝做的母猴喂养，但却寻求依偎于有绒织物的母猴）的基础上，将依恋定义为“个体与具有特殊意义的他人形成牢固的情感纽带的倾向，能为个体提供安全和安慰”。这个概念最初主要是用来解释婴儿与其养护者之间的情感联结，后来的研究者将之扩展到了成人之间。

现在我们一般认为，依恋是个体与主要抚养者发展出的一种特殊的、积极的情感纽带，也是指个体寻求并企图与另一个体在身体和情感上保持亲密联系的倾向。

依恋既是个体最初的社会性联结，也是情感社会化的重要标志。简单来说，通过依恋他人，我们不再是一个孤单的个体，而是一个融入了集体的社会人。

至于依恋类型（attachment styles），最早是由艾斯沃斯等（Mary Ainsworth & Witting，1969）通过陌生情境实验划分出来的，他们首先安排母婴在一个完全陌生的环境中，然后让婴儿分别经历母亲离开、陌生人进入等情境。观察婴儿在与母亲分离和相聚的过程中，以及面对陌生人的过程中的表现，从而对婴儿的依恋类型进行判断，划分出三种类型：安全型、回避型、焦虑－矛盾型。

当依恋理论发展到成人依恋领域的时候，哈桑和谢弗（Hazan & Shaver，1988）通过问卷调查提出：早期社会经验的不同产生了关系风格上相对持久的差异，婴儿依恋中的三种主要的依恋类型（安全型、回避型、矛盾型）在成人的恋情中也得到了证实。哈桑和谢弗提出婚恋依恋分为三种类型这一观点后，引来众多依恋专家的关注。

1991年，巴托福莫和霍洛维茨（Barthofomew & Horowitz）通过实验提出，哈桑和谢弗之前所提出的回避型，其实是两种完全不同的回避型，他们认为人们之所以要避免和他人亲密接触，有两种不同的原因。一种情况是人们期望和他人交往，但又对他人戒心重重，害怕被人拒绝和欺骗。另一种情况是人们独立自主、自力更生，真正地喜欢我行我素和自由自在，而不愿意与他人发生紧密的依恋关系。这就将成人的依恋类型分为了四种：安全型、痴迷型（焦虑－矛盾型的新名称）、恐惧型和疏离型。

布伦南、克拉克和谢弗（Brennan，Clark & Shaver，1998）用维度法来考察依恋类型，他们认为，依恋类型可以被概括为回避亲密和忧虑被弃两个维度。

回避亲密主要体现在影响人们接纳相互依赖的亲密关系的难度和信任程度。在亲密关系中感到舒心和轻松的人，回避亲密的程度就低；而与伴侣亲密接触时烦躁不安的人，其回避亲密的程度就高。

忧虑被弃主要体现在是否会害怕他人认为自己没有价值而远离自己。安全型的人在与他人的亲密接触中非常安心，不会担心别人会苛刻地对待自己，因而能积极快乐地寻求亲密、相互依赖的人际关系。相形之下，其他三种类型的人充满焦虑和不安，在亲密关系中如坐针毡。痴迷型的人渴望亲密接触但害怕被拒绝。疏离型的人并不担心被拒绝，但却不喜欢亲密接触。至于恐惧型的人则两者兼而有之，在亲密关系中坐立不安又担心亲密关系不能长久。

如果将类型法和维度法综合起来考虑，那么我们可以得到一个两维度四分类。在这两个维度——回避亲密和忧虑被弃上的得分高低决定了成人依恋的不同类型：安全型——低回避、低忧虑；痴迷型——低回避，高忧虑；恐惧型——高回避、高忧虑；疏离型——高回避、低忧虑。

综上所述，我们可以得到下图：

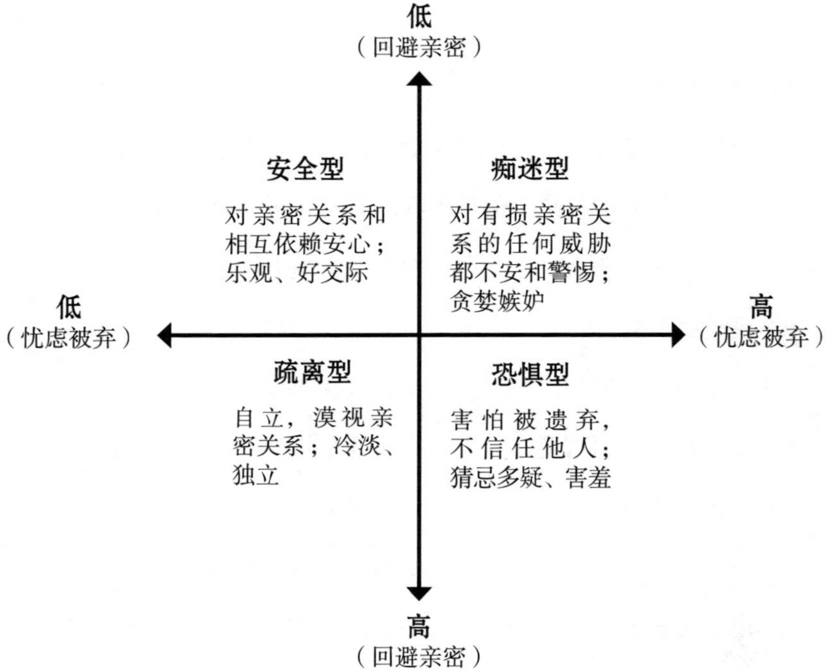

个体忧虑被弃的程度往往与个体对自己的价值判断成正比。自我价值判断越低，越害怕被遗弃。在这样的逻辑前提下，将自我价值的肯定寄托到关系客体——亲密关系中的另一方上。为了获得肯定，回避被遗弃，个体习惯于努力满足关系客体的要求，听之任之，久而久之，容易发展为控制与被控制的关系。

非自主取向者

自我决定理论是由美国心理学家爱德华·德西和理查德·瑞恩（Edward L. Deci & Richard M. Ryan）等人提出的一种关于人类自我决定行为的动机过程理论（1985）。因果取向理论（Causality Orientation Theory）是自我决定理论的重要内容，用于解释人们在发起和调节自己行为动机的过程中的差异。

他们认为，人们形成了影响自己的信息解释的不同因果取向：有动机参与的个人取向和无动机过程的非个人取向。前者根据因果点的不同，可分为自主取向和控制取向。

所谓自主取向，就是个体把自己知觉为自己行为的原因。自主取向者基于对自己的内在需要、标准和目标做出行为，这类个体的行为是自由选择、自我调节的。他们积极地寻找与个人价值观和兴趣相符合的机会，在各种环境中都能维持高水平的内在动机，因此不大容易被控制。

所谓控制取向，就是个体相信他们的行为是为了获得奖赏或取悦他人，或是因为外部因素的影响。控制取向者认为自己的行为受到外部的力量、需要或者内化的要求的影响，他们根据环境中的控制（如奖赏或寻求社会赞同）来发起和调节自己的行为，倾向于遵从威胁、期限和对他们应该如何行动的内化期望，他们的行为受外部动机驱动，与典型的受控者高度拟合。

非个人取向者则认为他们的行为受到那些超出自己意识控制的因素影响，不能控制自己的行为，也不能获得自己想要的结果，拥有消极的自我评价和无能感，其行为一般是缺乏动机的或无助的。

所以，一旦亲密关系中有一方强势而且坚决，非个人取向者就很容易向对方妥协，以此来维持关系里可以提供给他的一点价值感。这也是他容易被控制的原因。

其他

除了上述三点，还有很多因素会使人变得更容易被控制。比如，社会文化因素、父母的教养方式、人格类型等等。

尽管大多数人渴望的亲密关系是独立、平等的，但是不得不承认，所有的亲密关系都存在或多或少的控制与被控制，这或许是满足彼此需求的一种互补。

第七章

如何摆脱话语控制

这就是说，作为陈述主体的“我”只是一个起着转换或指示作用的符号，它只表示在“我”的背后还有一个言说主体存在，但并不能说出那个言说主体的任何真相。那么，言说主体的真相在哪里可以找到？按照精神分析的逻辑，在言语的断裂处，在话语的缝隙中，在弗洛伊德所讲的那种语言过失中，我们都可以看到言说主体的真相的蛛丝马迹。

——拉康

加拉的伴侣一气之下掐住了她的脖子。她以为自己要死了。后来，加拉说他这个人暴力，而他总是能够把情形反转过来：有问题的是加拉，都是加拉的错，是加拉把他逼急了。然后他否认道："什么都没有发生啊，是你想象力太丰富了。"

加拉自己也糊涂了。她对自己说，是的，什么也没发生："我不相信，不相信我自己，不相信这样的事会发生在我身上……"然后她开始内疚，觉得自己疯了。"这是我吗？我在做梦吗？"

然而，有一天，有人——她自己的女儿——看见了这种语言暴力的场面，证明她没有在做梦。但是，加拉却仍然像看不见听不到一样，认为自己对这场争吵负有责任。

刚开始，当他无理取闹的时候，他用拳头威胁加拉，加拉会还手，之后加拉会为自己的态度自责。从此以后，面对伴侣的攻击，加拉努力保持冷静。但是，如果不还手，她觉得自己可能就要从地球上消失了……

除了虚假信息，加拉的伴侣还使用了双重信息的手段。他在不断拒绝她的同时又积极地向她提出邀请。某天，他跟加拉说他要一个人去旅行，结果第二天，他又让加拉去找他。加拉不知道要不要去，但她不希望自己是制造问题的那个人，于是决定去找他，并因此推掉了家里的家庭聚会。加拉刚一现身，他们就又开始吵起来：加拉去得太晚了，去错了地方，等等。

现在的问题是，每一次，即使加拉知道自己掉进了一个心理陷阱，但她还是会内疚，最终屈服。

加拉认为伴侣的这些暴力行为来源于羞耻感：他无凭无据地指责了她，对此，他感到很羞愧，于是就说服自己是她搞错了，都是她的错。然而，事实并不是这样的。

"以前，"加拉说，"我会生气，但是现在，我想死……"

当然，加拉是一个极端的例子，但在我看来，这很好地展现了控制是如何发生的。摆脱话语控制不是不可能的，它需要经历几个必要的步骤。下方列有一张清单。不是所有的步骤都是有用的。不管你是受害者还是专业人士，你只需在这张清单里选择在你看来跟你的情况最相符的即可。另外，步骤的顺序也可以根据具体情况进行调整。

以下就是摆脱话语控制的步骤：

1）意识到自己正受到控制。

2）识别控制的性质甚至控制者进行控制的潜在动机。

3）自问当下的情况是否正常。

4）搞清楚要倾诉的对象。

5）成功发泄。

6）放弃改变对方的想法。

7）捍卫自己的底线。

8）咨询专业人士。

意识到正在发生的事

首先，要确定自己是不是受控者。这是很关键的一步。在这个过程中，你会遇到很多障碍，其中第一个障碍就是能否正确意识到在自己和伴侣的沟通中出现了一些不正常的情况。这很难识别出来，尤其当控制者使用虚假信息的手段时。

正如我们已经看到的，由于伴侣之间应有的信任和忠诚所带来的盲目性，受控者可能不会觉察到自己正在被控制。由此可知，受控者很难凭一己之力从受控的情境中解脱出来。

其实，从定义上讲，情侣是一种亲密的关系，非常亲密，以至于带有相当程度的封闭性。在面对一些恼人的、伤人的、没有根据的、含混不清的话语时，没有第三方来确认或否认我们的感受或苦恼。

然而，还是有一些迹象可循的，经常是近期出现的、异常的征兆，我们必须加以注意：

——争吵以后感觉精神错乱，脑子里像一团糨糊。

——感受到从未感受到的、不合理的、无确切缘由的内疚感。

——身体近来出现一些症状，特别是在跟伴侣争吵以后：身体不舒服、头痛、非由机体病变引起的胃痉挛。

——感到抑郁、自我厌恶、无缘无故的感伤。

——感到绝望，有暴力或自杀的冲动。

——对方语言中重复出现“从不”“总是”这样的词以及动词“是”（你是，你以前一直是，你以前从来不是，等等）。

——所有让你对自己的感知产生怀疑的话，出现不再相信自己的感知或推测的感觉，尤其是当这类话语和感觉在正常情况下不曾出现的时候。

所有这些迹象，集中一起出现也好，分开单独出现也罢，如果它们是近期才出现的，并且没有明显的理由（或者是明确的伴侣矛盾），都应该引起注意，因为在这种情况下，我们可能被控制了。

相信自己

其他一些障碍可能跟环境因素有关，跟个人经历有关，它们都会使识别控制行为变得困难。

从环境因素来看。有时候受控者并不知道自己是话语控制、虚假论证的受害者，有时候受控者或多或少地意识到了，但是因为各种各样的原因，在面对这些精神暴力时表现得很被动。引起这种被动的原因很多：害怕失去这段关系，因为经济依赖、社会孤立或者羞耻感，很难或者无法放弃这段关系。

从个人经历来看。很明显，加拉很难相信自己的判断。相信自己，相信自己的感知是一个从童年就开始建立的漫长而复杂的过程。这一点，我们在第四章谈论虚假信息时已经说过了。鉴于这一点很重要，我在这里再重复一遍。加拉小时候曾经受到虚假信息的误导，这使她产生了极度的不安全感，影响了她的成长。在此强调，哪怕是出于好心，早期受到虚假信息的误导，这比和散布虚假信息的人发生情感联结更容易致病。早年虚假信息可以表现为多种形式，有很过分的，也有很平常的。它涉及性侵，也涉及孩子的日常生活，尤其是亲子关系。遇到这种情况时，孩子已经接收或感知到发生了什么事，但这种感知却遭到否认。

因此，一个女孩在她们常去的游泳池换衣间里被父亲侵犯。在出去的路上，女孩问父亲，父亲的这些行为是怎么回事时，她得到的回答只有否认："你在说什么呢？我不知道你在说什么。"一会儿又补充道："你居然会想象这样的事情，简直是邪恶！"这样说是为了扰乱孩子的感知：你所经历的那些事情，都是梦境，是你想象的，是不存在的。直到五十多年以后，从医生的反应中，这个女孩最终意识到自己所经历的就是事实。

在其他情况下，父子关系也会受到控制。比如一位母亲可能会当着孩子的面说："我家孩子都不知道他的父亲不是他的父亲。"然而很明显，所有的事实都能让孩子感知到他的父亲就是他的父亲。这表明虚假信息是一种非常强大的机制，它脱胎于特定的情境，它跟双重信息一样，只有在受控者和控制者之间存在紧密的情感联结时才会有效。对孩子而言，他要面对的问题是："我该相信我自己感知到的，还是应该相信那个我依恋着但却说我没有感知到的人？" 如果一定要他在情感和感知当中做一个选择，他会选择情感。对于徘徊在应该相信他所敬爱的大人还是应该相信自己的感知这两者之间的孩子，年纪越小，对家庭和家人越是依恋，就越容易选择否认自己的感知。

早期虚假信息会带来什么后果呢？在这种环境中成长的孩子长大以后，如果在亲密关系中遭遇类似的控制，会再次陷入同样的困境之中。

识别控制的类型

第二步，应该弄清楚哪儿出了问题。要知道，所有的控制都是通过一种或几种话语控制手段来完成的。在前几章中，我按照这些手段的危害程度一一做了列举和阐述。要知道，这些手段并没有什么创意，最后也可能成效甚微，比如情感控制。另外，控制行为作用于人的认知领域，比如虚假信息和病理化。

另外，如果受控者能够把注意力放在对方使用的控制手段上，那么他就能给自己多留一些余地。因此我建议，如果受控者和控制者之间的关系出了问题，不要试着去解读控制者的话语，毕竟结果只会让人失望。我建议把关注点放在对方使用的控制手段上，然后看看自己是否能明白对方的话语是如何被扭曲的。

发现控制者的潜在动机

控制者想要达到什么目的？如果我们知道控制者对我们使用了哪种控制手段，我们就有可能得到答案。下述的内容很重要，它能让话语控制的受害者从中抓住常常被掩藏起来的重点。我先列出控制者的潜在动机，然后指明其使用的控制手段。以下列出的是最常见的情况，可以起到指示作用。

改变对方：情感控制，主要是激起内疚感。

挽留对方：情感控制，激起内疚感，威胁。

隐瞒某种行为：说谎，虚假信息，双重信息。

逼走对方：乱贴标签，虚假信息，重塑过去，双重信息。

诋毁对方：污名化，病理化或乱贴标签，否认主义。

正不正常

伴侣之间发生的事情是两个人互动的结果。双方对当下的情况都负有一部分责任。那么问题来了：在这样的情况下，对方的反应正常吗？在可接受的范围内吗？如果不在可接受的范围内，又该如何应对呢？

问题的关键在于，很多人对于伴侣之间的事，不太清楚什么是正常的，什么是不正常的，什么是可接受的，什么是不能接受的。一位女士来咨询，提出了一个困扰她多年的问题：为什么她的丈夫只跟她进行非传统的性行为？她的丈夫跟她说，这对她来说是好事，因为很少有丈夫愿意跟自己的妻子这么做。她从来不敢跟别人说，更不敢跟她的家人说。她的家人一直不明白为什么她一直怀不上孩子。羞耻让她变得沉默。过了好一会儿，她才承认这次咨询她用的不是真名，只有这样她才能张口说出她这些年来经历的悲剧。

如何判定在亲密关系中什么是正常的？应该以个人标准还是世俗标准（通过家人、媒体、专家进行传播）为优先？如何知道什么是可以接受的、什么是不能接受的？如何捍卫自己的底线和观点？

这个问题最初是针对某个具体情况的，但有时候，它会衍生出一系列其他问题："我的伴侣正常吗？""我自己正常吗？""我们的关系正常吗？"

这些问题的答案跟受控者是否明确知道自己隐私的范围和底线密切相关。要知道，个人隐私是指每个人设置自己底线的权利，也就是他决定是否将自己的身体、感受、想法和意见向另一个人开放的自由。

一个人在建立个人隐私领域的过程中将自己从家族中抽离了出来：个人身体方面，他会做各种尝试和体验，按照自己的意愿去支配身体，自己决定是否以身相许；精神方面，他会去探索新的、可能与家人不同的世界观，去接触新的认识观、政治观、哲学观和宗教思想，并自己筛选合适自己的；最后，个人能力方面，他会进行专业化的学习，在职业、艺术或其他方面有所建树[1]。

个人隐私的建立算是一种学习，或者说是一场战斗，这一过程跟熟人、父母、兄弟姐妹、朋友，特别是青少年时期有很大联系。控制的效果是否明显跟受控者保护个人隐私免受不当侵害的能力强弱有关。

总结一下，能意识到自己与另一个人的对话中出现了不正常是不容易的，它取决于很多因素：对这段关系的信任程度和对自己感知的信任程度、在亲密关系中保护自我隐私的能力、必要时向他人敞开心扉的意愿，以及经济和情感的依赖程度。

不管怎么样，在亲密关系中，正常还是不正常是件主观的事。如果你对伴侣的行为产生了怀疑，如果你不知道他的行为是不是可以接受、可以忍受的，最好还是向第三方求助。第三方可以让你摆脱伴侣的控制，尤其是，正如我们马上就会看到的，当你是虚假信息的受害者时。

---

1 Voir Robert Neuburger, *Les Territoires de l' intime*, Paris, Odile Jacob, 2000.

向谁诉说

奥克桑跟丈夫在散步，中途想找一个氛围好一点的地方喝一杯。他们路过一家还不错的酒吧，便坐下了。她问丈夫："你还记得吗？我们一年前来过这里。"刚开始的时候，丈夫有些蒙，但他还是回答说不是这家店，是另一家，离得很近。奥克桑坚持自己的说法，并且告诉他，那个时候他就把一把伞落在了那儿。然后她丈夫就生气了，说她总是觉得她自己是对的，说她总是想要掌控别人、让人无法忍受，说他确定他才是对的：不是，不是那儿。奥克桑被弄糊涂了，心想是不是自己弄错了，于是就道了歉。付了钱后，他们向出口走去，然后他们发现了……去年落在这儿的那把伞！但是奥克桑的丈夫还不肯承认，他说这把伞不是他的。奥克桑心里知道自己是对的。但丈夫连这么一点小事都不愿承认，这在她的心中埋下了怀疑的种子，她不再清楚该相信谁：她自己还是她丈夫。直到把这件事告诉了她最好的朋友以后，她才确定自己是对的，并最终从那段对话所带来的困惑和茫然中解脱出来。

亲密关系包含两个层面：一个是伴侣两人各自私密空间的联系，另一个则是伴侣两人共同的私密空间和外部世界的联系。问题的产生，比如因为使用了不当的语言而使两人的关系出了问题，会给上述这两个层面都造成压力。从伴侣两人的共同私密空间来说，通常情况下，有些事情是不会对外部世界（家人、亲戚、朋友）公开的。如果你的伴侣向旁人透露了属于你们两个人的隐私，那么他，或者她，就坏了规矩。当其中一个人怀疑两人关系中出现了什么不正常时，问题就产生了。毕竟如果已经不再信任对方，那么向外部世界诉说将变得非常具有吸引力的。问题就在于说的人可能会觉得这是“泄露隐私”，是对双方关系的不忠，并因此在第三方面前感到羞耻，在伴侣面前感到罪恶。

所以，问题的关键在于分清哪些应该属于两个人的隐私，哪些可以向外界透露。我有说这件事的权利吗？说了会造成什么样的后果？什么时候、向谁吐露自己的疑虑？“疑虑”这个词很重要。我们在奥克桑的例子中已经看到了。虽然事实就摆在眼前，但心中的不安使奥克桑犹豫了：她应该相信自己，相信自己的感知吗？这种疑虑不能持续太长时间，否则持续的不安，比如自我贬低、缺乏自信，就会在心中扎根。

遇到这些情况，最好还是向他人倾诉。原因有二。第一，倾诉的过程相当于把事情的经过都梳理了一遍，这是摆脱控制的第一步。第二，你倾诉的对象可能会告诉你，他相信你对当前情况的感知。早前提到的加拉就向她非常尊敬的一位女性牧师朋友诉说了自己的心事。在得知加拉丈夫的所作所为以后，这位朋友反应强烈：“天哪！这个下流坯！”这让加拉马上意识到自己所遭遇的情况并不正常。

大发雷霆

该做什么样的反应？当我们觉得自己被控制时该怎么做？在这里，最紧要的是要知道，当我们发现或者确定对方对我们使用了控制手段，发火是正常的。如果一点感觉也没有，反而可能会使怒火伤到我们自己，导致抑郁或一些自我毁灭的行为（比如，接受不利的分手条件、怜悯控制者，或是贬低自己），甚至引发自杀冲动。

记住，这时表达自己的感受，展现自己的温良恭俭让的优良品格，都是不恰当的反应。比如，你们的结婚纪念日，他忘记得一干二净了，这时你要真的很生气，如果你使用这种非暴力沟通的方式说："今天是我们的结婚纪念日，我本希望你能有所表示，而你却什么表示也没有，这让我感到非常失望和难过，我觉得自己没有得

到你的重视，但也许你有你自己的爱的语言，我却没有接收到，我不应该这么情绪化的，老是沉浸在自己的情绪中，也许你可以选择另一种更明确的爱的语言。”听到你这些话，他可能也会表达一下自己的歉意，实际上，他并不把这当一回事，只是因为你都这么说了，他还能说什么呢？在任何情况下，都不要接受毫无诚意、敷衍潦草的道歉。如果你感觉不到他的诚意，请相信你的直觉。

放弃改变对方的想法

要当心怜悯这种情感的出现。怜悯之心通常来说是值得称赞的，但是当你处在被控制的境地时，怜悯会让情况变得更糟，因为它让你总觉得还有希望，认为伴侣之所以会这么做，是因为他在过去没有好好地被爱过，不管这个假设是真还是假，它都会让你抱有希望，期待着对方可能会改变。也就是因为这样，加拉改变了自己的行为，试图以此来改变对方。结果是令人失望的，但她并没有丧气，仍然坚持己见：来诊所咨询的时候，加拉还希望伴侣也来咨询，并期望伴侣能够通过咨询发生改变……

放弃改变对方的想法是摆脱控制的重要一步。这并不意味着我们就要一直保持被动。只不过，我们不再去想着要改变对方，而是用另一种方式来应对，那就是捍卫自己的底线。

捍卫自己的底线

底线和边界之间是有区别的。想要改变对方，结果往往是令人绝望的。你的种种要求往往会给争吵制造机会。作为回击，你的伴侣会让你觉得，首先要做出改变的人应该是你。你不听我的话，我也不听你的，矛盾就这么产生了。“改改吧你！”“不，应该改变的人是你！”就这样，一道边界、一堵城墙便将你们分隔开来。

而诉诸自己的底线就不一样了。这使你能够在保护自己领地的同时，保持你的尊严。如果你告诉伴侣，他已经触碰到你的底线，当前的状况让你受到了影响和伤害，你已经无法接受了，那么对方就必须做出选择：要么决定改变自己的行为，要么坚持自己的态度。不管怎么样，他都会有所反应。所以，与其和对方斗争，不如捍卫自己的底线，这样，你也不会在你和伴侣之间筑起围墙。

再说回加拉的例子。加拉本可以不攻击伴侣设立的围墙，而是告诉对方，对方的所作所为已经逾越了她的底线。对方可以自由决定要不要改变。

让我们明确一点：这种表达方式不会产生奇迹，但它可以保护你，因为通过这种方式，你会受到尊重。无论你如何坚持不懈、殚精竭虑地想要改变他人，终究会归于失败。直面这个失败，你就可以避免压抑自己、贬低自己，你可以在自己的眼中重新获得尊严。

避免情况再次发生

显然，对于控制的受害者，他们的信任感会受到折损。他们在重新建立亲密关系时会觉察到这个问题。它所造成的间接影响就是疑心过度，这不利于建立新的亲密关系。想要让新的伴侣不因此受到影响，这不太容易。了解控制可以有所帮助。或者，你也可以在接受个体咨询的时候试着清空心中残余的怒火。

第八章

专业帮助能带来什么

一个人怎么看待自己，决定了此人的命运，指向了他的归宿。我们的展望也这样，当更好的思想注入其中，它便光明起来。不管你的生命多么卑微，你要勇敢地面对生活，不用逃避，更不要用恶语诅咒它。

——梭罗《种子的信念》

当然，为了寻求帮助，为了确认或否认自己的感知，你很有可能会选择依赖专业人士。你要知道，这个选择也许并不能帮到你，甚至会使情况变得更严重。

当心理咨询师的介入使情况变得更严重时

情况的恶化可能朝着两个方向发展。第一种，有可能你的咨询师不能从你的角度去分析问题从而解决问题，相反，他让你觉得责任在于你，从而让你深陷困惑，变得更加痛苦。

另一种可能则是你的咨询师是一个概念论者。这类人士认为所有的控制都是因为控制者的“病态自恋”，你的伴侣也会被归为这一类人，而解决问题的办法只有一个，那就是离开他。

有些心理治疗师、心理咨询师或者其他专业人士认为事情非黑即白。他们既没有考虑到两个活生生的人之间的关系，也没有考虑到他们可能在另一个当事人不在场的情况下就下结论。在宣判某段关系无药可救之前，咨询师应该跟双方见见面，一些让人痛彻心扉的离别和某些愈演愈烈的暴力行为是可以避免的。有一位女士某天发现，她丈夫的咨询师给她丈夫发的邮件开头就说：“我不明白你为什么还能跟一位显然不爱你的女人继续生活。”而这位咨询师对她的了解仅限于丈夫在咨询时所说的只言片语……

把选择权交给来访者是咨询师的职业道德准则

这属于职业道德准则问题。我们的目标是在不谴责控制者也不让受害者背锅的情况下提供帮助。使用了话语控制并不一定就让你成了“病态者”或是“自恋者”。同样地，被控制了也不一定就意味着你被伴侣的行为欺骗了，而是因为某些原因，你不愿意揭露游戏的真相罢了。此外，通常情况下，两个人都在试图控制对方，比如当两个人都竭力想让对方内疚，让对方为双方关系出现的问题负责。

咨询师也不应该表现得太天真。有些控制行为里掺杂了经济利益、财产分割和孩子监护权归属的纷争。遇到这类控制行为，与其说来访者需要治疗，不如说他们需要调解。当伴侣中的某一个人来寻求个人帮助时，咨询师要能够知道其中涉及的纷争，要明白在这样的请求背后也许还有别的想法，要知道之后可能会有律师来问我们要证词，来证明他的客户所控制者的心理状况。当然，根据职业保密的规定，我们是不能提供这样的证明的。

不管怎么样，有些请求是正当合理的，我们应该帮助这类受控者明白其中的利害，这时候的控制者，我们可以不再称之为伴侣，而是敌方、对手。

一般来说，我主张通过跟来访者对话，最终将选择权交给来访者：治疗的目的是让受控者了解自己在这段关系中的位置，并通过自己所掌握的信息，了解其伴侣所使用的控制手段和背后隐藏的动机，如此一来，受控者就能够选择最合适的应对方法。这对他来说可能非常重要，因为这关系到这段感情是否还有必要存在。

当然，根据受控者是单独来咨询还是跟伴侣一起来咨询，治疗方法也会不一样。如果来访者只身来到诊所，让我们帮他确认他对情况的感知是否正确、该做什么样的决定，我们最好能够先了解来访者和伴侣之间的关系如何，了解这段关系对他来说有多重要。对于一个社会人际关系广、归属感多样化（家庭、朋友、兄弟姐妹、工作）的人，和一个伴侣就是，或者基本是他唯一来往和依赖的对象的人来说，方法是不一样的。虽然不难告诉受控者他可能受到了哪些控制，但是发表对控制者道德品格的看法却不容易，毕竟我们了解的只是受控者口中的他，也就是说，对于那个处于咨询关系之外的他，我们并不了解。

但是，这也不意味着我们就不了解受控者的痛苦。事实正好相反，很可能我们第一步会做的就是承认控制发生的事实以及控制是一种带有欺骗性的行为。这甚至可能是很关键的一步，因为在很多情况下，即使受控者知道自己被控制了，他也需要别人明确地告诉他。向受控者表现出我们相信他是痛苦的，也知道他痛苦的原因，而不是，比如说在面对一个神经过敏的受控者时，用一些约定俗成的办法来处理，即使常常是他自己造成了自己的痛苦。

回到加拉的故事当中，她接受的治疗能带来什么呢？加拉遇到了多种形式的控制：虚假信息、病理化、双重信息。该给出什么建议呢？当然，指出加拉受到一个“病态自恋者”的控制并不难，但是这对解决问题有什么帮助呢？很显然，加拉和伴侣之间的关系是扭曲的。加拉因为自身的问题总是会贬低自己，不相信自己的感知，容易内疚，而这一切让她成了控制者理想的另一半，如果换作别人，她的伴侣还走不到这一步呢。

在这里，我们可以用一个法律概念来做解释：滥用对方的弱点。法律对这项轻罪的定义是："滥用对方的弱点指的是利用一个人心理或生理上的无知或脆弱，引导对方做出自己无法知道其中利害的行为。"与其把她的伴侣定义为病态自恋者，不如说他们之间的关系是病态的，甚至是“变态的”。我们所看到的正是随着时间的推移，问题变得越来越多的亲密关系，而这是两个人互动的结果。加拉受到了严重的控制。指责她的伴侣，给他贴上“病态”的标签只能徒增加拉的内疚感，因为这样做可能有意无意地向她传递了某种信息，让她觉得别人都不明白为什么她还要继续这段明显不正常的关系。她知道他们的关系是不正常的，奇怪的是，她相信情况还可以逆转，她一直期望着伴侣会改变。

首先，我们应该分析控制的机制。问题的关键不在于她的伴侣本人，而在于加拉和伴侣的这段关系。在其他的控制情景中也一样，比如说在控制者使用病理化手段时，问题的关键不在于揭露控制者，而是让受控者从这段屈从的关系中解脱出来。

视线再次回到加拉身上。当我见到这对夫妻时，我就知道她的伴侣也受到了双重信息的影响：一方面，他没有办法保障自己的收入，在经济上依靠着加拉生活；另一方面，问题不在于弄明白他是否爱加拉，因为他厌烦的就是他没有别的选择，只能忍受跟加拉在一起。

因此，当我们碰到这种情况时，似乎最好还是不要仅仅满足于治疗受控者，我们要试着与夫妻或情侣二人见面，这样能够更好地帮助我们分析致病过程。然后我们要做的，就是陪伴他们按照上述的步骤进行治疗。

倾诉的好处

如今，我们有一些特殊的方法来应对这些控制行为。这些方法的根本就是瓦解沟通过程中的控制机制。咨询师在其中扮演的角色等同于《皇帝的新装》中的小孩。其要点是在不揭穿对方的情况下，挑明某些事情，让事实得以呈现，改变伴侣交流的二元结构。故事中小孩的话道出了事情的真相："可是皇帝是光着的呀！"然后大家便都看到事情的真相。最终在伴侣之间生成共同知识（common knowledge）效应。

如果话语控制，特别是当对方使用了虚假信息的手段时，已经明显让受控者变得盲目，甚至让后者觉得自己"生病了"，因为他，比如说，对伴侣的忠诚持有某些想法或心存疑虑，那么咨询师可能会起到决定性的作用。

通常情况下，共同知识效应的产生需要有一个假想的第三方。咨询师挑明了事情的真相后，一方就知道对方是知道的，如此就避免了之前那种一方知情，另一方陷入怀疑，不知道自己该相信还是不该相信，知情还是不知情的情况。

下面这个例子讲的是一对四十多岁的夫妻。女方有一份体面高薪的工作，男方已经失业几年，需要女方养着。男方趁失业有时间就去学了放松疗法。当我见到他们的时候，他刚开始从事放松疗法的工作，这份工作让他经常有机会接触一些年轻女性。这对夫妻告诉我，他们来咨询，是因为男方"坦诚"地承认他爱上了自己的几个病人。另一次咨询的时候，他爱上的这些病人减少到了一个。他想要跟这个女人在一起，但是这个女人已经结婚了，而且还在犹豫要不要离开现在的丈夫。男方说他自己也很犹豫，如果可以的话，他想要同时跟她们两个人在一起。他的妻子听后崩溃了。

至于我，我听了以后很困惑。这个情况看起来是不对称的。男方说他在犹豫要不要走出这一步，如此一来他就把妻子放到了一个乞求者的位置上。我直接挑明了男方“坦诚”中的控制行为：他让妻子等他做出决定，让妻子处于等待的焦虑中，给妻子的心理造成了伤害。在这里，“坦诚”可能只是给男方一种感觉，让他觉得自己可以等待时机，暂且跟妻子维持婚姻关系，毕竟他这份工作挣的钱不多，妻子可以养他。总而言之，这种坦诚只是一个幌子，是男方担心自己的情人最后没有选择跟他在一起而给自己留的一条后路。

怎么应对呢？我决定重新定义“坦诚”：“女士，你的丈夫坦诚地告诉你，他在犹豫要不要留在你身边。他的一席话让你处于无止境的等待之中，让你无法看清自己的处境，无法找到自己的位置，无法摆脱这让人难以忍受的等待，让你无法拥有你的丈夫所拥有的那种自由。这些我们都知道，但是你身边却没有人能告诉你。也许这也正是你的丈夫通过他的坦诚所要告诉你的吧。”

结语

放弃不等于失败

人是喜欢逃避自由的动物。有一个叫“选择困境”的心理学理论，人们害怕选择的理由主要有两个：因为要为选择承担责任而焦虑，因为放弃了另一个选择而担忧。

——弗洛姆《逃避自由》

亲密关系需要双方非常多的个人投入。这种对个人投入的渴求是其他事物不可比拟的。要想维持亲密关系，需要交付出自己的身体、个人空间、资源、情感和能力。我们能理解，放弃一段感情是很难的，甚至对某些人来说，我们在前文也看到了，是无论如何也做不到的，这些人的病根也比较深——他们期望对方会改变，拒绝面对现实，即使这场战争已经输了，他们也不愿意放弃。

在这种情况下，咨询师面前的来访者就如同一个坚信自己明天能翻本的赌徒。

当受控者最终意识到自己的努力没有用，决定放弃这段关系，离开那个只能给双方带来痛苦的人时，新的问题又来了：如何面对重新找回的自由。

刚开始的时候，重新开始另一种生活常常是非常困难的。但是之后，来访者就会感受到快乐和幸福。

坦白说，心理咨询师的工作并不总是能够得到大家的认可。相反，来访者有时候会埋怨咨询师让他们找回了思考人生的自由，帮他们摆脱了困扰他们的盲目性。于是，我们在社会上就跟记者一样，被指责只会报忧不报喜，有时候甚至还会因为来访者自己所说的话而担负责任！但这就是否认我们的作用的理由吗？要知道，埃利·威塞尔（Élie Wiesel）说过："沉默永远只会助长施虐者而非被虐者。"[1]

1　1986年12月10日诺贝尔和平奖领奖致辞。

作者的著作

Aux Éditions Payot :

Les Paroles perverses

Le Couple : le désirable et le périlleux

Exister : le plus intime et fragile des sentiments

L'Art de culpabiliser

Première séance : 20 raisons d'entreprendre (ou non) une psychothérapie

L'Hypocondriaque : sa vie, son œuvre (avec G. Dupin de Lacoste)

Les Rituels familiaux

L'Autre Demande : psychanalyse et thérapie familiale

On arrête ?… on continue ? Faire son bilan de couple

Chez d'autres éditeurs :

Les familles qui ont la tête à l' envers (Odile Jacob)

Les Territoires de l' intime (Odile Jacob)

Nouveaux couples (Odile Jacob)

Le Mythe familial (ESF)

